档案管理与应用创新研究

袁晓琳 于萍 时硕 ◎著

吉林文史出版社

图书在版编目（CIP）数据

档案管理与应用创新研究 / 袁晓琳，于萍，时硕著
. -- 长春：吉林文史出版社，2022.4
　　ISBN 978-7-5472-8484-1

　　Ⅰ．①档… Ⅱ．①袁… ②于… ③时… Ⅲ．①档案管
理—研究 Ⅳ．①G271

中国版本图书馆 CIP 数据核字（2022）第 067429 号

DANGAN GUANLI YU YINGYONG CHUANGXIN YANJIU

书　　名	档案管理与应用创新研究
作　　者	袁晓琳　于　萍　时　硕
责任编辑	陈　昊
出版发行	吉林文史出版社有限责任公司
地　　址	长春市福祉大路 5788 号
印　　刷	北京四海锦诚印刷技术有限公司
开　　本	787mm×1092mm 1/16
印　　张	12.5
字　　数	286 千字
版　　次	2023 年 10 月第 1 版　　2023 年 10 月第 1 次印刷
定　　价	48.00 元
ＩＳＢＮ	978-7-5472-8484-1

前　言

新时代背景下，先进科学技术冲击着整个世界，改变着人们的生活、工作和思维方式，对档案管理工作也产生了很大的冲击和影响，是对档案部门的档案管理能力和水平的全新考验。新时代下档案管理模式变化的研究，有利于保护各类档案文化资源，优化档案业务流程，挖掘档案增值信息，加强档案管理机构的职能建设，达到促进档案事业发展的目的。为科学应对新时代档案管理模式的变化，寻求档案管理的有效路径，需要从拓宽档案资源的收集类别、完善档案资源的建设主体、改变档案资源采集方式和科学整合档案资源来加强档案资源聚集，建立覆盖人民群众的档案数据资源体系。大数据时代的到来对档案管理工作产生了巨大的冲击和影响。

随着科技与信息技术的飞速发展，信息资源已经实现了数字化存储，尤其是在信息化时代，档案由纸质信息转化为数字信息已成为档案管理的重要工作内容。相较于纸质存储信息，数字化信息无论是在查询读取上还是在保存上都有着无可比拟的优势，因此实现档案信息化是档案管理的必由之路。

面对数据资源来袭，整个社会、各行各业都将面临对巨量而复杂的数据进行高效管理的困难局面，人们越来越认识到对自身产生和拥有的大量数据进行有效管理的必要性、重要性和迫切性，档案学领域也不例外。在信息数字化时代，档案管理已逐渐从传统的思想观念中解放出来，在政策制定、方法改进、技术提升、设备配置、人员结构等方面发生巨大改变，并在不断进步和完善。而随着新时代的到来，社会和网络每天产生的档案信息的数量和种类是过去完全无法比拟的。因此，档案界很有必要深入探讨一下新时代背景下的档案管理工作发生了怎样的改变，改变传统的思维方式和管理模式，促使档案管理水平更上一层楼。

本书从档案管理信息化建设的角度出发，通过了解档案信息化建设的基础工作，深入分析了目前档案信息化建设的状况，提出了档案管理创新策略以及档案信息化与自动化管理新思路，希望能为档案管理信息化建设提供有益借鉴。在撰写过程中参考了许多专家学者的观点，在此表示衷心感谢。书中内容仍有不完善之处，还望广大专家学者批评指正。

目 录

第一章 档案管理基础概述

第一节 档案的定义

要对档案下一个比较科学的定义，必须搞清楚档案这一概念的本质属性。档案的本质属性主要是：

其一，档案是人们（含国家机构、社会组织和个人）在社会实践活动中（政治、经济、科学、文化等）直接形成的原始记录，是第一手材料；

其二，档案具有查考利用价值；

其三，记录档案的方式和载体多种多样。

由此，可以将档案定义为：国家机构、社会组织和个人从事政治、经济、科学、文化等社会实践活动直接形成的文字、图表、声像等形态的历史记录。

这一定义的基本含义，包括以下四个方面：

一、档案是人们（组织和个人）在其社会实践活动中直接形成的

这里的"人们"泛指历代的国家机构、社会组织、家族、家庭和个人，他们是档案的形成（制作）者。但是，不是什么人都可以形成档案，必须是从事社会的政治、经济、科学、文化等实践活动的人们，也就是说档案是人们在从事社会实践的活动中产生和形成的，离开了人们的社会实践活动便不可能产生档案。然而，档案又是直接形成的，没有经过任何中间环节。可是"人们"是复杂的，"社会实践活动"是极其丰富的，"直接形成"是可靠的，因而决定了档案来源的广泛性、复杂性，档案种类的多样性、丰富性和档案内容的客观真实性。

二、档案是历史的原始记录

由于档案是它的形成者在从事社会实践活动中直接形成的第一手材料，即原始记录，

不是人们事后编写或随意收集的材料，因而它具有原始记录性的特点。所以档案的原稿（原本）往往只有一份孤本，是最珍贵的。在实际工作中要特别注意保护档案原件（原本）的完整与安全，就是这个道理。

三、档案是由文件转化而来的

人们从事社会实践活动的直接原始记录为文件（或文书），而档案是从文件转化而来的。文件转化为档案必须具备三个基本条件：一是办理完毕（或叫处理完毕）的文件才能作为档案。正在办理的文件不是档案。衡量文件办理完毕的标志是完成了文书处理程序。所以可以说，文件是档案的前身，档案是文件的归宿；"今天"的档案就是"昨天"的文件，"今天"的文件就是"明天"的档案。二是有查考利用价值（即凭证和参考作用）的文件，才有必要作为档案保存。文件办理完毕后，其中有些文件虽失去了现行效用，但对日后工作和科学历史研究仍有查考利用价值；有的文件则随现行效用的消失而一同消失，无查考利用价值，不必作为档案保存。所以档案又是文件的精华，"有文必档"是不对的。三是按照一定的规律保存起来的文件，才能最后成为档案。档案虽然由文件转化而来，但是文件不能自动地成为档案。人们只能按照文件形成的规律、历史联系及其各种特征，运用立卷的原则和方法，组合成系统性、条理性的案卷（或叫保管单位），即立卷归档后才能最后成为档案。从这个意义上说，文件是档案的因素，档案是文件的组合。

四、档案信息的记录方式和载体是多种多样的

档案信息的记录方式和载体（又称制成材料）是构成档案的两个基本因素。档案的载体，既有我国古代遗留下来的龟甲兽骨、竹简木牍、金石、贝叶、缣帛等档案，又有近现代以纸张为主的纸质档案，还有胶片、磁带、磁盘等现代形式的档案。档案信息的记录方式有：文字的、图像的和声音的等多种形式。档案信息的记录方式和载体的发展变化与革新，标志着档案和档案工作发展不同阶段的不同水平。档案工作者必须明确档案的范围，把应该保存归档的文件收集齐全，集中保管。

第二节 档案的演变

一、档案的产生

我国的档案文化源远流长、卷帙浩繁、内容丰富、种类极多、价值珍贵。它不仅是

中华民族光辉灿烂文化的象征，而且是中华民族文明历史发展的见证。在中华民族开化史上，有发达的农业和手工业，有许多伟大的思想家、科学家、发明家、政治家、军事家、文学家和艺术家，有丰富的文化典籍……中华民族创造了悠久灿烂的中华文明，中国已有将近四千年的有文字可考证的历史。这里说的"文化典籍"包括历史档案及其编纂物；"有文字可考证的历史"，最早可追溯到甲骨文，即已发掘的甲骨档案，也就是说，有档案可考证的历史将近四千年。

在远古社会未产生文字以前，人们用语言作为表达思想、交流感情和经验的工具。但是这种口耳相传的"记录"方式难以记住、传远，也容易失真，于是人们便产生了用"结绳""刻契""图画"等记录方式来辅助记忆。

所谓"结绳"，就是在绳子上打成大小不等、式样不同、颜色各异的结，以表示各种不同的事情。"刻契"，就是人们在骨头、木板、竹器或其他材料（如陶器）上刻成各种形状不同的符号和标记，用以记事。由于"结绳""刻契"均具有备忘、信守、凭证的作用，有保存使用的价值，所以见到这些符号、标记，就能明了其中的含义，唤起对往事的回忆，帮助他们研究和处理各种事情，从这个意义来说，"结绳""刻契"记事具有档案的性质，是我国档案的萌芽。比"结绳""刻契"更能直接表意的记事方法就是"图画"。远古的人常在其居住的洞壁上画画，用以记载他们的活动、表达他们的思想。比如打了一头牛、两头鹿，他们就在洞壁上画上一头牛、两头鹿，画得很逼真，使人一看就知道是什么意思。因此，有些人又把这种图画称为"图画文字"。图画文字在档案界被称为图画档案。这种由图画文字所组成的"文件"，无论中外都有较多的发现。它是艺术档案的始祖，也是现代档案的前身。

二、档案载体的发展

随着生产力的发展、社会的进步，上述那些记事表意的具体图画符号逐渐和语言相结合，成为抽象的、一般的概念的代表，这就是最早的文字（一般称为"象形文字"）。随着文字系统化的文书档案，要算殷商的甲骨档案了。

在纸张普遍使用以前的历史时期，除有上述甲骨档案外，还有的把文字刻写在竹木、青铜（器）、石头、缣帛、玉板等材料上，从而形成了简册档案、金文档案、石刻档案和缣帛档案等。

青铜器是用铜、锡等合金铸成的器具，铸刻在这种器具上的铭文，因古人称铜为金的缘故，被称为"金文"。铜器在古代又称为"钟鼎"，故它又名为"钟鼎文"。从殷商晚期开始，人们就在铜器上面铸刻文字、记载史实，特别是西周以后，风气极盛，并且一直延续到了春秋战国时代。当时，凡属颁布法律、册命赏赐、战争征伐、记功述德、诉讼誓盟等重大事件及其形成的有关重要文件，都专门铸造器物进行记载。这些记事性质的铭文，不是为了传播知识、总结经验，而是为了传给后世子孙作为凭证或纪念，它的档案属性十分明显，可以称它为"金文档案"。

石刻特有的优点使得它在纸张盛行之后也不曾绝迹，因而千百年来石刻不断。仅近几年就陆续发现了不少，其中较为典型的有长江水位石刻、宋代交通法规石刻、明代地方政府禁止早婚石刻、清代保护山林石木的石刻、明清四川地震石刻等。它们是对历史研究极其珍贵难得的原始材料，也是我国历史档案的一个重要组成部分。石刻档案和前面谈到的金文档案，在档案界又往往合称为"金石档案"。

甲骨档案、金石档案等，是特定历史条件和环境的产物。它们的制成材料，甲骨也好、金石也好，在当时不可能是专门用来书写的材料，只有经过整治的竹片木板才是。以竹木为载体的原始历史记录，就是通常所说的"简牍档案"。

所谓"简"，是指一根竹片；用绳索编联在一起的若干根竹简，就称为"策"（也写成"册"）。简编成册一般可分为麻编（用麻绳编联）、丝编（用丝绳编联）和韦编（用熟牛皮条编联）三种。简册主要用来书写较长的文件。一块未写字的木板叫"椠"，写有字的则叫"牍"，一尺见方的"牍"，又称为"方"。版多用来书写短文及图画、写信、登录物品与统计户口等。

档案载体是不断变化发展的，随着社会的进步、文化的发展，简、缣帛作为书写材料，已显露出它们的不足，缣帛贵而简重，并不便于使用。于是，智慧勤劳的中国人民就发明了一种既具简、帛之长又免简、帛之短的新型书写材料——纸。

据考古发掘和文献记载，远在西汉就出现了纸，经过蔡伦的改进推广，逐渐被用来进行书写，形成了纸、帛、简并用的局面。到公元3~4世纪，纸以它轻便价廉、易于书写、便于传递的优势，逐渐取代了简、帛成为当时通用的书写材料。史书上说，东 gogog 晋时，权臣桓玄掌握了朝政大权，随即下诏停用简牍，皆代之以"黄纸"书写公文。从此，纸张就普遍成为我国档案文件的书写材料，以纸张为载体的纸质档案，也就大规模形成。纸的发明及其应用于文献记录，给文书档案工作带来了一场空前的大变革。

一百多年来，新型档案载体——磁性材料和感光材料相继问世，影片、照片、录音、录像档案和机读档案不断产生，从而极大地丰富了档案的内容和形式。

三、档案称呼的演变

我国档案的历史，源远流长。在"档案"一词出现并泛指旧公文之前的较长时期里，档案的称谓多而不一。大体可根据它们的载体划分为两大类别。汉魏以前，主要以竹木作为书写材料，因此，文书档案的称呼，从文字学的角度来看，大都与竹木有关，如

"典""册""简""策""简书""简策""简牍""典籍""图籍"等。周代，称文书档案为"中"，"中"实是古"册"字的省形，也与竹木相关。汉魏以后，书写材料主要是纸张，因而档案多称为"文书""公文""文案""堂案""文卷""案卷""案牍""文牍""例案"等。"档案"一词在清初已开始使用。

总之，不论"档案"一词是怎样演变形成的，它从清初见于文献记载，至今历时已三百多年，然而真正较为科学地赋予和揭示它的含义、使之成为档案学的固定术语，则是近六十年才开始的事情。

四、档案的形成

档案是由人们社会实践活动的副产品——文件直接转化而来的。文件的转化、档案的形成，自有它不可违背的客观规律。揭示这种转化的基本原理、探究档案形成的规律，有助于对档案理解的深化，有助于提高档案管理的水平。国家机关、社会组织和个人，在社会实践活动中，形成了各种载体形式的文件，这些文件在完成了特定的使命或者办理完毕之后，部分地向档案转化。这种转化绝非不同量的简单复现，而是甲事物向乙事物的飞跃，是一个由量变到质变的过程。对于这一转化过程，以文件完成运转、办理完毕为界点，分为前、后两个阶段进行阐述。第一阶段称为自然转化阶段，第二阶段称为"智能"转化阶段。

自然转化阶段。处在运转办理过程中的文件，实际上从形式到内容都已经取得了档案的预备资格。这是因为，文件，作为人们处理事务、进行管理的工具，直接来源于人们的社会实践活动，同时它又带着特定的使命，直接参与了该活动的过程。有关该活动及其进程的全部本源信息被自然地、相对稳定地沉淀在一定的文件载体之上。因此，它不但具有现行的执行效用，即指导和制约着社会实践的进行，而且还具有回溯反证历史的潜在效用，即能再现被它凝固了的历史活动，成为人们查考的真凭实据和历史记录。文件的现行效用，是文件得以形成并成为文件的直接根本动因。发挥现行效用是文件的根本目的和任务，因此，一般文件在办理完毕之前，它的现行效用表现得特别突出；它的历史效用却处在一种潜伏、休眠、相对静止的状态中，不易为人觉察和理解。随着文件办理完毕和现行效用的消失，历史效用才得以显露。文件的历史效用是档案的根本效用，是决定文件之所以能够转化为档案的客观依据。由于它潜伏在文件自身，文件从一开始就自然隐藏着档案的身份。也就是说，文件的历史效用从潜伏、休眠到显露的过程，正是文件向档案自然转化的过程。文件自然向档案转化还必须满足这样一个前提条件，即文件必须办理完毕。所谓办理完毕，指的是文书完成了处理程序或承办已告一段落。从一般文件效用来说，办理完毕就意味着文件现行效用的消亡、历史效用的开始，只有办理完毕的文件，才有可能成为档案。

"智能"转化阶段。主要表现为对办理完毕的文件的鉴别筛选、系统整理（通常称为立卷归档），从而使那些对今后实际工作和科学、历史研究具有查考利用价值的文件，完成向档案的最终转化，成为完全意义上的档案。同时，淘汰那些历史效用很小、不具查考利用价值的文件和没必要保存的重复文件。应该说，人们实践活动中形成的文件，都具有相应的历史效用，但并不是所有具有历史效用的文件都一定能够转化成档案。这主要取决于文件历史效用对于日后工作和科学、历史研究的查考利用价值。凡是查考利用价值较大的文件，不仅有可能，而且必须转化为档案。反过来说，查考利用价值很小，或者根本谈不上查考利用价值的文件，就没有转化的必要，也不能实现转化。

比如，每次会议产生的通知、决议、报告、简报、纪要、录音、照片等，凡有利于了解该会议的基本情况、具有重大利用查考价值的，必然会转化成档案；而关于与会者分组就餐及其有关注意事项等事务性文件，即使具有证实某十个人同为一席就餐的历史效用，但它对日后工作和科学、历史研究没有什么价值，显然没有必要，也根本不能转化成档案。

文件的现行效用是从形成后就有的，而文件的查考利用价值，则是由它的历史效用能满足人们日后某种需要的程度和人们对这种效用的估价与预测决定的。前者是构成文件查考利用价值的客观基础，而后者则是主观前提。可见，要最后完成文件向档案的转化，不可避免地还要渗透进入的意识。实际工作中，这就表现为人们对文件的鉴别，把没有查考利用价值或因重复而不值得保存的文件剔除，将有查考利用价值的文件进行系统整理、归档保存。通过这一程序，使产生时呈现出分散、杂乱等自然状态的文件，变为系统的、条理化的档案。

文件向档案的转化，从形态来说，在第一阶段呈现出来的是自然转化形态。因为人们的社会实践活动使文件一开始就自然地潜伏着历史效用，文件的形成同时也意味着档案物质形态的形成，因而在不存在人的有意识的作用的情况下，文件就具备了转变成档案的内在条件。自然转化形态充分体现了文件成为档案的可能性。随着第一阶段的结束、第二阶段的开始，自然转化形态也相应地被"智能"转化形态所取代。此时，在文件历史效用的严格制约下，人们通过科学预算分析、能动地选择处理，使那些应该成为档案的文件最终完成了转化，成为完全意义上的档案。智能转化形态决定了档案形成的现实性。

总之，档案由文件直接转化而来，这种转化的原理，就是档案形成的原理。文秘档案工作者及其他有关人员必须掌握它、遵循它，否则，工作就会出现混乱和失误，应归档的文件不去归档，不必归档的文件又当作档案保管起来，甚至犯"有文必档"或"有档不归"的错误。

第三节 档案的属性

一、档案的本质属性

　　档案的本质属性，一般来说，就是档案所独有的原始记录性。档案不同于一般的信息材料，它不是事后编写或随意收集来的，而是人们在当时特定实践活动中形成和使用的原始文件的直接转化物。因而，它的信息内容具有原始性的特点，即原始记录和客观地反映了形成者特定的历史活动，是历史的原始凭据。在形式上，它的原始性不仅体现在载体、记录方法、文种、文件格式和用语等上，而且相当数量的文件本身就是原稿、原件、正本，或者留有亲笔签署或批语，或者盖有机关或个人的印信，或者留下的是当时的影像和声音。这些原始标记，足以使人们感受到它的真实性、可靠性。档案这一内在的特有的原始记录的本质属性，使它与其他的信息材料，如图书、情报、资料等明显区别开来，并且更加珍贵、可信。正确认识档案的本质属性，对于做好档案工作具有重大的实际指导意义。

　　首先，档案作为原始记录、历史真迹，不允许有任何增删改动。因此，后人不能用自己的观点去变更档案，也不能在原件上直接"修正"档案存在的错误及失真的内容，更不允许从某种需要出发，对档案进行涂改、剪裁、勾画。总之，作为原始记录，任何人都无权这样去做，否则就是对历史唯物主义的公然践踏、对历史的犯罪，历史的真实面貌就会遭到破坏，甚至还会造成无法挽回的损失。档案工作者及其他有关人员，应该牢记历史教训，加深对档案历史真迹的认识，自觉地维护档案的本来面目，同一切破坏档案的行为做坚决斗争。

　　其次，档案的原始记录性，决定了档案孤本多，同一档案数量少，原本无法再生。因此，档案工作者一定要尽力收集齐全，科学地进行鉴定，切实维护档案的完整与安全，不能有丢失、损坏、错判等行为发生。不然的话，就会人为地造成档案和历史的"空白"。

　　认清了档案区别于其他文献材料的本质属性，一方面可以更加准确地把握档案与图书、报刊等资料的界限，不至于在档案收集、整理、保管等实际工作中搞错对象；另一方面，又能促使我们收集保管一些与档案相关的图书资料，作为馆（室）藏档案内容不足的补充，满足社会各方面的需要。

二、档案的一般属性

　　档案的一般属性，主要指档案的价值属性、信息属性和知识属性等，这是档案与其他文献材料共同所有的属性，受其本质属性规定，又是本质属性的具体表征。

（一）档案的信息属性

迄今为止，信息科学虽然还不曾对信息概念有一个统一的解释，但作为一般的、日常的理解，可以这样来说，信息不是事物本身，而是指信源发出的消息、情报指令、数据、信号中所包含的内容或知识。档案作为人们社会活动形成和使用的文件的直接转化物，凝聚着人们征服自然、改造社会及自身历史发展的丰富信息，这种信息固定地沉淀在一定载体之上，对它的提取和利用可以超越时间和空间的限制。因而，后人要了解某组织的历史沿革、性质职能等情况，查一查该组织的档案材料，就可获得有关信息。同样，研究大到国家、小到个人的历史，也必须从有关档案资料中提取有价值的信息。可见，档案本身并不能简单地与信息画等号，但它的内在却蕴藏着丰富多彩的信息，它是一种重要的信息发生源。档案信息和其他信息一样，可以浓缩、扩充、存储、加工、转换、传递、共享，但它还具有一个特点，即原始性和回溯性（历史性）的统一。如果把整个信息按来源区分为原生信息（原始信息）和派生信息（再生信息），那么档案信息则属于原始信息，它是信息处理加工的源泉，在社会信息系统中具有特殊的地位。如果把信息按时态分成历史信息、现行信息、未来信息，那么档案信息则属于回溯往事的信息。档案信息这种独有的原始历史性的特点，使它能够同时起到历史凭据和可靠情报参考的作用。不过也必须看到，档案信息的原始性，使人们对它的开发利用较之其他文献信息，难度要大得多，因此，应有充分的准备。充分认识档案信息属性及其特点，有利于增强档案信息意识，迎接迅速发展的信息化社会的挑战；同时，有利于人们在实际工作中，把档案工作作为信息系统工程来科学地组织，并针对档案信息特点，采取切实有效的措施，积极开发，为社会主义物质文明和精神文明建设服务。

（二）档案的知识属性

知识就是人们对自然现象、社会现象及其规律的认识与描述，是人类社会实践经验的总结。档案是人类认识世界、改造世界的原始历史记录，是人类智慧的一种物态结晶，是知识的一种载体。它较之图书、报刊资料等其他知识载体，具有原始性特点，是知识的初始载体。

一方面，档案是记录、积累、存储知识的初始载体。古往今来，人们在不断的劳动、实践斗争过程中，积累了包括政治、经济、外交、军事、科学、技术、文化、教育及体育卫生事业等各方面的丰富知识，这些知识最初都以档案的形式记录、累积、存储起来，离开了档案这一初始载体，知识的积累、文明的演进将是不可想象的。所以，把档案比作人类社会的"百科全书"、比作知识的"宝库"，并非夸大之词。另一方面，档案是知识传播的原始媒介。知识传播的途径和媒介是多种多样的，档案就是其中的一种。档案文献的特点，就在于它通过一定的形式（文字、符号代码、图表、影视、声频等），把知识原始地固定在一定的物质材料（如纸张、金石、竹木、缣帛）上，从而超越时间和空间的限制，使知识得以有效传播。易于复制、便于查阅保存、后传能力强的档案，其知识的传播率高，能使他人或后人获得更多的知识。比方说，现代的纸质档案较之古代难懂的甲骨档案，其知识传播率就高得多。在知识的传播过程中，档案具有其他文献无法取代的地位和功能。第三，档案是人们获取知识和继承知识的中介。一个人的知识不外乎两个来源，一是来源于直接实践经验；二是通过间接经验，即通过知识载体——"中介"而获得。然而，一个人的实践活动总要受时间和空间的限制，直接从实践中获得知识远远不能满足人们社会活动的需要。因此，人们必须利用知识具有继承性的规律，去查阅包括档案在内的各种文献资料，以获取自己所需的知识。查阅文献、获取有关知识的过程，也正是继承人类已有知识的过程。由此可见，档案不仅具有存储和传播知识的功能，而且是人们获取知识、继承知识的重要载体之一，它的知识属性是毋庸置疑的。

（三）档案的价值属性

　　档案作为一种社会事物能够存在，就是以它的有用性为前提的。因此，档案都是具有一定利用价值的资料，根本不存在没有价值的档案。档案的价值有大有小，它发挥作用的时间有长有短，正是这种特性，决定着档案的存毁。

　　此外，在阶级社会里，机密性也是档案的一种派生属性。相当部分文件具有不同程度的机密性，这种机密性有时并不随着其办理完毕或转化为档案而马上消失，因此总有部分档案在一定的时间和范围里要求保密。这就决定了档案具有机密属性。档案的这种机密属性是客观存在的，既不可忽视，也不能讲得过分，否则会给档案工作带来不良影响，造成混乱。档案的机密性与其知识属性和信息属性等相比有不同之处。从量上来看，机密性并不是所有档案的共同特性，而仅指部分档案而言。从时间上说，档案的机密性有特定的时间区限。在这个特定的区限里，机密性存在；越过这个区限，机密性就消失。也就是说，档案的机密性并不是固定不变的，它随时间的推移、阶级的消灭，以及条件、地点等的变化呈递减的趋势，最终会彻底消失。一般情况下，"档龄"愈长，机密性愈小，两者是反向关系。档案工作者必须正确认识档案的机密属性及其递减特点，并且根据情况的变化，做好合理的"降密"或"解密"工作，让档案的价值在尽可能大的范围内得到发挥。总之，档案利用是绝对的，保密是相对的、暂时的，即使保密本身，也是一种有条件、有限制的利用，机密性并非绝对排斥它的利用性。

第四节 档案的价值

一、档案价值的表现

档案的利用价值是多方面的，主要表现在以下方面：

第一，机关工作的查考凭据。机关工作活动的联系性和继承性，几乎使每一个机关在进行工作的过程中，都不可避免地要查考利用它累积起来的文件（即档案）。因为这些文件是它产生和成长的真实写照，是它了解以往活动的主要情报来源。其中凝结着的大量正反两方面的公务信息，更是它赖以制订计划、决策事项、处理问题、组织工作、完成任务的参考和凭据。及时查考利用，有利于克服官僚主义的流弊，减少工作的盲目性和失误，提高行政办事效率。如果忽视档案的这种价值，有档不查，机关工作就会遇到很多麻烦，有时甚至难以进行下去，造成不应有的损失。

第二，科学研究的可靠材料。要进行科学研究，必须充分占有大量的、真实可靠的材料，自然科学研究是这样，社会科学、思维科学同样如此。而档案作为第一手材料，在科学研究中所占的地位更为突出，它是科学研究赖以进行的必要条件之一。在历史课题的研究中，如果没有档案资料，研究工作就难以进行。对于现实课题的研究，档案同样具有查考利用价值。因为现实是历史的继续，对现实问题甚至未来问题的研究不可避免地要利用以往研究中形成的历史记录。

第三，宣传教育的生动素材。档案犹如一部编年史，原始记录了人们创造历史、征服自然、改造自然的过程，有美与丑的较量、真与假的对立、善与恶的格斗。因此，利用陈列展览、影视等多种途径把真善美和假恶丑展现在世人的面前，能够陶冶人们的情操，净化人们的心灵，增强正义感和民族自尊心，激发爱国热情和革命斗志。一句话，档案的教育意义是重大的，这种社会价值应该引起人们高度的注意和重视。

第四，生产建设的参考依据。档案中记载了各种生产活动的情况、过程、成果、经验和教训。反过来，人们又以这些档案作为参考依据，促进生产活动的进一步开展。

二、档案价值的构成

一般说来，档案的价值由凭证价值和情报价值构成。

（一）档案的凭证价值

档案的形成特点及其所具有的外在形式，决定了档案具有凭证价值，是历史的真凭实据。对于事态的真相，现在不可能提出文件来做证据。只有在事件本身成为历史陈迹的时候，这些证据才会出现。这就是说，档案文件的价值，在于它对以往"事态的真相"具有无可置疑的凭证性作用。因此，在史实考证中，常以档案为凭；恢复历史原貌，要以档案为信；处理各种案件纠纷，多以档案为证。档案的这种凭证价值是它的最本质价值。

（二）档案的情报价值

档案作为人类知识的一种载体，记录了人们在各种社会活动中的成败得失情况，是情报的重要来源。它对于连续不断的精神生产和物质生产，具有重大的查考作用和情报价值。一方面，它能改变利用者的知识结构。这就是说，利用者的大脑与其要求的档案内容一旦发生联系，它的知识结构必然出现相应的变化，或者由不知到知之，或者由模糊到清晰，或者由浅到深，或者由错误到正确，或者由否定到肯定，如此等等。另一方面，档案情报又是计划、决策、控制和行动的重要条件和依据。

情报价值是包括档案在内的所有文献的共同属性，但是，比较起来，档案的情报价值又具有自己的特点。首先，档案情报有原始性和较大的可靠性。档案不是人们事后回忆或编写的产物，而是由文件直接转化的，一般都是原件。由此产生的情报，就是原始性情报，利用起来，用户觉得可靠。其次，档案情报对特定的利用者来说，又是必不可少的，弃之不用，工作必受损失，这点已为实践反复证明。

三、坚持党的领导

我国党政机构的档案行政管理与党政机构的档案实体管理分别合一，各级档案行政管理机构既负责党的各机构的档案行政管理，同时也负责同级政府各机构的档案行政管理。各级档案局既是党的机构，同时又是政府机构，以党的直接领导为主，是各级党委与政府统一管理档案事业的职能部门。各级档案馆也既是党的机构，又是政府的机构，是各级党委和政府统一管理档案的业务部门。

党、政档案工作统一管理有利于保证党和国家档案的完整与安全，符合精简、统一、效能的原则，符合中国的实际情况。新中国成立后一向强调各级党委和政府要加强对档案工作的领导，切实帮助档案部门解决各种实际问题，使档案工作在现代化建设事业中发挥更大的作用。也正是在党的直接和强有力的领导下，我国档案事业的发展才得到必要的监督与保障，全国档案事业才实现了持续、快速、健康发展。

第五节 档案管理体制的创新方向

一、目标

我国现行档案管理体制使我国档案事业在行政管理和档案保管利用方面得到了实实在在的加强，有力地推动了我国档案事业的全面发展。要清醒地认识到：我们正处在一个改革和发展的年代，随着我国社会主义市场经济体制的不断完善和社会现代化进程的加快，档案工作中的"条块分割"问题、"局馆合一、政事合一"问题、文件与档案管理割裂以及非公企业、私人档案管理等问题已成为制约我国档案事业发展的体制障碍，我们只有不断地进行体制调整与改革，才能适应我国档案事业发展的需要。我国档案管理体制改革的目标就是要建立起与社会主义市场经济体制相适应的档案管理体制。

二、基本方向

（一）市场化

市场化是当今世界各国行政改革的大方向，同时也是我国行政改革的基本方向。市场化的改革方向是我们改革开放多年来的基本经验，是经过反复、艰苦的探索得出来的结论，同时也是今后改革的方向。我国档案管理体制改革同样也要以市场化为目标，积极探索建立与社会主义市场经济体制相适应的档案管理体制。

（二）法治化

中国是世界文明古国之一。历代统治者对档案和档案工作都很重视，但是，几千年来都是依靠行政手段对档案和档案工作进行管理的。由于这一历史原因，人们的档案法治观念比较淡薄，旧的传统习惯影响了档案工作的发展。依法治档一直以来都是我国档案工作中的薄弱环节。近年来，虽然我国也出台了一系列档案法律法规及规范性文件，但由于我国的档案法规原则性条款多，可操作性条款少，依法治档仍停留在表面上，停留在宣传和文件上。档案工作中存在着无法可依、有规难依、执法不严和监督乏力的局面。法治化，就是一切活动要以法律法规为准绳，在法治的框架内寻求解决问题的途径。为推动我国档案事业健康发展，迫切需要适应政府职能转变，实行依法管理，加强法治化建设。

（三）现代化

现代社会日新月异的发展，要求信息部门以较高的信息存储、处理和输出速度，高质量地为社会服务。档案部门是信息部门的组成部分，应以崭新的面貌服务于这个时代。现代信息技术广泛应用于文件与档案工作领域，档案管理对象的数字化、管理手段的现代化、管理模式的多样化是档案管理活动面临的新的机遇和挑战。档案工作如不能卓有成效地为社会服务，就很难取得社会应有的重视和支持，档案工作的发展就会受到一定的影响。过去，人们的档案意识不强，档案工作发展速度不快，与此有密切的关系。现在，档案工作已由封闭状态向开放型转变，我们的工作水平与质量将对社会产生很大的影响，只有通过现代化，使档案工作充分发挥它特有的作用，提高社会地位，才能推动档案事业迅猛发展。

三、档案管理体制改革具体思路与建议

我国现行档案管理体制虽然在推动我国档案事业发展方面取得了一些成绩，但体制所带来的一系列问题也不容忽视。为进一步推动我国档案事业健康发展，有必要对现行的档案管理体制进行调整与改革。

现行档案管理体制改革是一个全面系统的工作，它不是对传统档案管理体制完全推倒、重新构建，而是要在国家行政管理体制改革的总体框架内，逐步探索、逐步完善和逐步实现。

（一）完善我国现行档案管理体制改革的思路

从适应现代公共行政改革的需要出发，我国档案管理体制改革将朝以下三个方向发展：

1. 适应政府职能和角色的转变

传统的计划经济体制下的政府全能角色作用逐渐减弱，政府的管理职能已部分被市场和社会分担，政府要逐步退出部分应该属于企事业单位或社会管理的权力。

2. 适应现代公共行政运作方式的转变

传统的行政管理方式是不断地扩张行政功能，通过行政系统直接行使管理职能，而现代公共行政方式则趋向于间接运作和分权运作。

3. 适应政府观念的变化

市场经济产生纳税人的意识，政府用纳税人的钱来进行国家管理，要有效率观念、服务观念等。

（二）完善我国现行档案管理体制改革的建议

1. 集中统一管理、整合档案资源，建设"大档案"

集中统一管理是我国档案工作的指导思想。实践证明，集中统一管理的指导思想克服了我国特定历史条件下档案分散保管和档案工作各自为政的弊端，对推动我国国家规模档案事业的建设有着积极的意义。要坚持继续集中统一管理的指导思想，继续加强我国档案事业的统一领导、统一规划和统一制度；继续加强党和政府对档案事业的领导，保证党和国家档案的完整与安全；继续加强对档案信息资源的管理和开发利用，维护党政档案的历史的有机联系。集中统一的档案管理体制是同我国经济基础相适应的，符合我国现行国家制度、传统文化观念，符合宏观管理原则。

在坚持统一领导的基础上，有效整合档案资源，建设"大档案"就是要打破档案接收和利用中的时间、区域、全宗界限，广泛整合全部档案资源。在区、县级甚至市（地）级，科学整合档案资源，建设"大档案"，体现规模效益，构建真正意义上的综合档案馆。通过科学整合档案资源，一方面实现机构设置上的"精简、统一、效能"的目标，从根本上打破机构设置上"上下一般粗"的状况，打破了"小而全"。建设"大档案"可以有效实现国家档案资源的有效配置，以适应档案资源社会共享的需要。

2. 管理体制多样化

市场化带来了档案所有权的多元化，档案所有权的多元化带来档案管理体制的多样化。档案管理体制在过去单一的国家所有权和计划经济体制下，对党政机关档案和国有企业、事业单位档案实行集中统一管理，档案集中统一管理体制符合当时的档案所有权状况，也切实保障了国家档案的齐全完整。现在，虽然对党政机关和国有企业、事业单位的国有档案一般仍然照搬国有档案管理模式。对于各种非国有企业以及外商投资企业档案的管理，必须具体问题具体分析，允许企业在遵守国家相关法律、法规和制度的前提下，对其档案的管理享有充分的自主权。因单位而异，选择适合的管理方式，可以采取集中统一管理，也可以实行分布管理（分部门、分档案门类相对集中管理），还可以实施集中与分布相结合式管理等。

面对非国有企业、外商投资企业档案大量涌现的现实，各级档案行政管理部门应当将工作的重心放在对这些档案中"对国家和社会有保存价值"的部分进行合理监管上来，按照以服务和引导为主，保护对国家和社会有保存价值的档案为主的思路和原则开展工作，通过服务来实施适度的监督、检查、引导和管理。

3. 政事分开，局馆分立

政企分开、政事分开是我国机构改革的方向。根据机构改革"政事分开"的要求，档案行政管理部门和档案馆要从职能上将二者分开，通过借鉴其他国家档案管理机构设置的做法，将档案行政管理部门与档案馆在机构、人事、财务上要彻底分开，档案行政管理部门实行"条条管理"，而档案馆则作为文化事业单位实行"块块管理"，按照社会分工的原则，充分发挥各自的职能特点，各归其位，各司其职。

档案行政管理部门作为国家行政体系的有机组成部分，主要履行其统筹规划、组织协调、统一制度、监督指导的管理职责。通过贯彻法律法规、制定规章、执法检查等手段，管理各单位的档案工作。档案馆是集中管理档案的文化事业机构，负责接收、收集、整理、保管和提供利用各分管范围内的档案。档案馆作为事业单位，在管理方式和运行机制上，也不应再照搬政府机关的模式，而是在国家法律法规指引下，"勇敢地"走向社会，面对市场。

4. 文档管理一体化

文档管理一体化既是业务问题，也是体制上的问题。文书工作是档案工作的基础，档案工作是文书工作的延伸和发展，从发展的观点看，我们有必要把文件管理和档案管理看作是一个统一的系统工程，采取统一的工作制度和方法来控制前后各有特点但又互相连续、衔接的工作程序。这样不仅可以加强档案部门对文件管理的超前控制，保证进馆档案的质量，还能够减少档案部门的工作程度，避免重复劳动。因此，一方面要在单位内部建立起文件实时归档制度，将文书部门和档案部门合二为一，在单位内部构筑文件档案管理一体化平台；另一方面是结合各地实际情况建立文件中心、档案管理中心，发挥集约优势，降低运行成本，同时也为档案管理机构的设置提供新的思路。

总之，档案管理体制与理念的重新定位，必须在继承原有体制与理念的基础上进行创新与开拓，这是适应社会主义市场经济体制不断完善和发展的理性选择。

第二章 档案收集、管理及应用

第一节 档案的立卷归档

立卷归档是档案工作的第一个环节，立卷归档工作做不好，直接影响档案管理的其他环节。立卷是将单份文件组合成案卷的工作。各单位在工作活动中形成的具有保存价值的文件材料，由单位的文书部门或业务部门整理立卷，给档案室或负责管理档案的人员集中保存，这项工作称为"归档"。

文件归档是指各单位处理完毕的具有保存价值的文件，经文书部门或承办部门整理立卷后，定期向档案室或档案人员移交的过程。在一个具体的单位中，文件归档是一项涉及文书部门和档案部门两个部门的工作。文书部门在文件归档中主要做的工作是对处理完毕的文件进行鉴定和整理，档案部门在文件归档中要做的则是接收文书部门移交的案卷。

一、归档制度分析

在我国，归档工作已成为一项制度。对国家规定的应当立卷归档的材料，必须按照规定，定期向本单位档案机构或者档案工作人员移交，集中管理，任何个人不得据为己有。收集工作主要是依靠建立健全归档制度来完成的，主要包括明确归档范围、确定归档时间、制定归档份数、履行归档手续和满足归档文件要求。

二、归档文件范围

（一）上级来文

包括需要贯彻执行的上级重要会议文件、上级业务主管部门的法规性文件；上级视察工作形成的文件资料、代上级草拟并被采用的文件、上级单位转发本单位的文件等。

（二）本单位形成的各种文件

包括本单位代表性会议、工作会议和专业会议的文件资料；本单位颁发的各种正式文件的签发稿、修改稿、印制本等；本单位的请示与上级的批复；反映本单位业务活动和科学技术的专业文件材料；本单位或本单位汇总的统计报表和统计分析资料及财务资料；本单位领导人公务活动中形成的重要信件、电报、电话记录；本单位成立、合并、撤销、更改名称、启用印信及其组织简则、人员编制等文件材料；本单位（本行业）的历史沿革、大事记、年鉴，反映本单位（本行业）重要活动事件的简报、荣誉奖励证书、有纪念意义和凭证性的实物和展览照片、录音、录像等文件材料；本单位（包括上报和下批）干部任免（包括备案）、调配、培训、专业技术职务评定、聘任等文件材料；本单位财产、物资、档案等的交接凭证、清册；本单位与有关单位签订的各种合同、协议书等文件材料；本单位外事活动中形成的材料等。

（三）下级报送的文件

包括下级单位报送的重要的工作计划、报告、总结、典型材料、统计报表、财务预算、决算等文件，直属单位报送的重要的科技文件材料，下级单位报送的法规性备案文件等。

（四）相关文件

包括各种普查工作中形成的文件材料，按有关规定应该归档的死亡干部的文件材料；同级单位和非隶属单位颁发的非本单位主管业务但需要执行的法规性文件，有关业务单位对本单位工作检查形成的重要文件，同级机关和非隶属单位与本单位联系、协商工作的文件材料等。

三、归档时间确定

归档时间是指文书处理部门或有关业务部门将需要归档的文件向档案部门移交的时间。应该根据各种文件的形成特点和规律，具体规定其归档时间。

（一）管理文件

一般在形成的第二年上半年向档案部门移交归档。

（二）科技文件

根据文件形成的具体情况有不同的要求。一般有以下五种情况：

第一，按项目结束时间归档。

第二，按工作阶段归档。

第三，按子项结束时间归档。大型项目或研究课题，往往由若干子项组成，这些子项相对独立，工作进程也不尽相同。当一个子项工程结束后，所形成的文件可先行归档。

第四，按年度归档。对活动和形成周期长的科技文件或作为科技档案保存的科技管理性文件，一般按年度归档。

第五，随时归档。对于科技文件复制部门和科技档案部门合一的设计单位的施工图、机密性强的科技文件、外购设备的随机材料以及委托外单位设计的科技文件等，应随时归档。

（三）会计文件

在会计年度终了后，暂由企业财务会计部门保管一年，期满后移交给档案部门保管。

（四）人事文件

一般应在办理完毕后的 10 天或半个月内向档案部门归档。对于一些专业性强、特殊载体形式的或机密性强的文件，驻地分散的下属单位的文件，形成规律较为特殊的文件及新时期涌现出来的企业文件，为了便于实际的利用和管理，经过一段时间的实践和总结，可适当地调整归档时间，既要便于企业工作人员在文件形成后一定时间内就近利用，也要便于有保存价值的文件及时归档。

四、归档份数管理

归档份数是指企业文件归档数量。总的来说，凡是需要归档的文件一般归档一份，重要的、使用频繁的则需要归档若干份。关于归档份数的管理规定不宜过于笼统，也不能过于简单划一。

五、归档手续管理

首先，编制移交清单一式两份，交接双方按移交清单清点案卷；其次，移交清单清点无误后，双方在移交清单时填写有关项目并签字，各留一份，以备查考；最后，科技档案还需编写归档文件简要说明，由归档人员编写。一般包括以下内容：项目的名称和代号，项目的任务来源、工作依据和实施过程，项目的科技水平、质量评价和技术经济效益，科技档案质量情况，项目主持人及参与者姓名和分工，文件整理者和说明书撰写人姓名、日期等。

六、归档要求明确

归档要求是单位文书部门向档案部门移交案卷时应达到的质量要求，也是档案部门接收案卷时的验收标准。根据《归档文件整理规则》的规定，应该从下列几个方面检查归档文件的质量：

第一，归档的文件应齐全、完整；

第二，遵循文件的形成规律，保持文件之间的有机联系，区分不同价值，便于保管和利用；

第三，卷内文件经过系统整理和编目；

第四，案卷封面填写清楚，案卷标题准确，案卷排列合理、编号无误；

第五，编制了完整的案卷目录和相关的文件；

第六，对已破损的文件应予修整，对字迹模糊或文件载体存在质量隐患的文件应予复制；

第七，归档文件所使用的书写材料、纸张、装订材料等应符合档案保护要求。

七、电子文件的归档管理

电子文件归档，是将经过初步整理登记的具有保存价值的电子文件，从计算机或网络的存储器上拷贝或刻录到可移动的磁、光介质上并移交至档案室（馆）以便长期保存的工作过程。

（一）电子档案的特点

在单位的计算机信息处理系统中，电子档案是作为管理或经营信息而被保存起来的。它的作用主要表现为两个方面：其一，对于管理或经营活动来说，它是重要的原始凭证，是单位工作目标实现情况的记录，是单位历史面貌的一个组成部分；其二，对于单位的信息系统来说，电子档案是这个系统信息资源的组成部分，它可以直接转化为数据库、资料库中的信息，它是各种信息补充、更新或再生产的重要来源，是系统正常运行的信息保障。

电子档案是电子文件的转化物，具有电子文件的所有技术特性。因此，在管理上它与传统档案有很大差别。电子档案的特点如下：

1. 保管位置较分散

传统档案实行实体集中统一管理形式，单位的档案集中于本单位档案室，国家档案集中于各级各类档案馆。而电子档案则不可能按照上述方式集中管理，它的相当一部分是通过档案部门掌握其逻辑地址而进行控制；有些部分是通过下载将信息转移到保存介质上而集中于档案部门；还有一些电子档案是采用在线集中，即将信息转移到档案部门指定的地址中进行管理。电子档案管理相对分散且形式多样的特点，加大了管理的复杂程度。

2. 保管技术程度高

电子档案的生命是由载体、信息和系统三个部分所构成的。这三个部分的存在和影响因素不一致，也不同步。它们之所以能够构成完整的电子文件或电子档案，是人们通过一定的技术手段将其联结在一起的。电子档案的载体——磁盘是化工制品，老化、污损等都会影响它的质量，从而破坏信息记录；电子档案信息易受误操作、恶意更改或病毒的侵害；计算机软、硬件系统的升级换代会造成原有环境下生成的文件无法识读和利用。对上述三个方面因素进行管理和控制的难度远远超过了对传统档案的管理，是信息化环境下原始记录保管的重大课题。

3. 信息再利用即时性强

电子档案信息在计算机网络系统中再循环的即时性强。传统档案信息在现行活动中的转化方式有两种：一种是在单位使用档案的过程中将有关信息提取出来，融入现行文件当中；另一种是档案部门编辑一些档案参考资料，提供给单位使用。前一种方式的信息使用过程具有一次性；后一种方式的信息虽专题性、系统性强，但转化过程慢，时效性较低。在计算机网络系统中，电子档案信息可以同时以不同的形态分流，即电子档案归档的同时，那些具有数据价值的信息被数据库采集，有资料价值的进入资料库，又成为新的电子文件的来源。

4. 可以在线利用

电子档案的利用可以采用非在线方式，但是更多情况下是采用在线方式。电子档案在线利用的方式对于用户来说基本上摆脱地域和时间限制，调阅文件主动性强、批量大和表现方式多，使文件查找速度快，可以实现信息或数据的共享，因此这种方式能够充分发挥信息系统的优越性。由于在线利用是一种信息管理者与用户非接触式利用方式，所以，利用过程中的信息真实性证实方式、信息复制和公布的权限、信息拥有者及内容涉及者权益的保护等问题，都需要在管理中加以解决。

（二）电子档案的归档方式

1.物理归档方式

物理归档包括介质归档和网络归档两种方式。介质归档是指文书部门将电子文件下载到存储介质上移交给档案部门；网络归档是指将电子文件通过网络直接传输给档案部门进行存储。物理归档可以实现档案的集中管理。

2.逻辑归档方式

逻辑归档是指文件形成部门将归档文件电子档案的逻辑地址通知档案部门，从而使档案部门实施在网络上控制与管理电子档案的归档方式。经逻辑归档后，电子档案的物理存在位置不会改变，也杜绝了文件形成部门对电子档案进行修改和删除等情况的发生。

3."双套制"归档

"双套制"归档是指采取物理归档或逻辑归档的电子档案，同时制成纸质档案予以归档的方式。目前，采取"双套制"归档主要是为了在计算机或网络系统出现意外事故时能够确保电子档案信息的完整性和真实性。

实行"双套制"归档并非要求单位将所有的电子档案都输出成为纸质档案；主要是对那些具有法律凭证作用的，需要确保其安全、秘密和真实性的电子档案采取"双套制"的归档办法。

（三）确定电子文件的归档范围

电子文件的归档范围参照国家关于纸质文件材料归档的有关规定执行，并应包括相应的背景信息和原始数据。电子档案的特性和表现的功能不同于纸质档案，因此造成其收集范围也有所不同：对起辅助作用或正式作用的电子文件，对不同信息类型的电子文件，电子文件在读取、还原时生成的技术设备条件、相关软件和元数据。

（四）电子档案的归档时间与手续

电子档案的归档时间分为实时归档和定期归档两种情况。实时归档是指电子文件形成后即时归档，定期归档是指按规定的归档周期归档。一般情况下，通过计算机网络归档的电子档案应采取实时归档，介质档案可以采取定期归档。电子归档的手续分为进行技术鉴定和履行归档手续两个步骤：

1.进行技术鉴定

电子档案在归档时要进行技术鉴定，鉴定的内容包括档案的技术状况是否完好、支持的软件以及配套的纸质文件和登记表格是否完整等。检验的结果应填写"电子档案接收检验登记表"。

2.履行归档手续

采用介质归档方式的电子档案，在对归档文件检验合格、清点无误后，移交的双方应在"归档电子文件登记表""归档电子文件移交检验表"和"电子档案接受检验登记表"上签字盖章。移交文件均一式两份，交接双方留存备查。采用逻辑归档或网络归档方式的电子档案，首先由文件形成部门为文件赋予归档标识，然后提交给档案部门；档案部门再赋予已经归档的文件档案管理标识。实行逻辑归档或网络归档时，计算机系统可自动生成"归档电子文件登记表"，打印输出后，移交双方签字签章、留存备查。

采用"双套制"归档的纸质文件履行与纸质公文相同的归档手续。明确归档时间。电子文件的归档一般在年度或任务完成后，或一个阶段之后的一段时间内进行归档，可视其具体情况而定。一般网络归档可实时进行，磁盘归档应按照纸质文件的规定定期完成。

（五）确定归档份数

一般拷贝两套，保存一套，借阅一套。如在网上进行，也要保存一套。必要时应保存两套，其中一套异地保存，以提高安全性和可靠性。

（六）选用归档方法

一是磁盘归档，是将经过整理最终版本的应归档的电子文件存入磁、光载体介质上；二是网络归档，一般在局域网或其他网络环境下采用。

（七）电子档案的归档要求

1.齐全完整

电子档案归档的齐全完整是指除了文件内容之外的软、硬件环境信息的收集需齐全完整，如电子档案的设备、支持软件、版本、说明资料等均应记录清晰。

2.真实有效

真实有效是指归档的电子档案应该是经签发生效的定稿，图形文件如果经过更改，则应将最新的版本连同更改记录一并归档。

3.整理编目

在电子档案归档前，文件形成部门应对文件载体进行整理，并在其包装和表面粘贴说明性标签；对文件的形式和内容进行著录、登记等。归档时，应将有关的目录和登记表同时移交给档案部门。

4. 双套备份

物理归档的电子档案要求复制双套备份脱机文件，其中一套保存、另一套提供利用。重要部门或有条件的单位，最好对电子档案实行双套异地保存，以便在突发灾难性事故发生时确保单位核心文件的完整与安全。

（八）电子档案的收集要求

电子档案收集是一项经常性的按有关规定和标准进行的工作。为保证归档的电子文件的真实性，电子档案的收集积累工作必须从电子文件形成阶段就开始，贯穿于公文处理的整个过程，而且还必须了解和掌握电子文件的形成规律和形成过程。

第一，在计算机网络系统上运转的电子文件，可用记录系统来记载电子文件的形成、修改、删除、责任者、入数据库时间等。

第二，用载体传递的电子文件，要按规定进行登记、签署，对于更改处，要填写更改单，按更改审批手续进行，并存有备份件，防止出现差错。

第三，电子文件的收集积累应由形成部门集中管理，不得由个人分散保管。

第四，对于网络系统，应建立文件数据库，并将对应的电子文件注明标识。

八、档案收集的相关注意事项

（一）档案收集工作的含义及意义

档案收集工作是档案工作的起点及第一个环节，即将分散在单位各内部工作机构的有价值的文件材料向单位档案室或负责管理档案人员移交、集中的工作。因此，它是档案集中统一管理的重要内容和一项重要的具体措施，作为档案部门积累档案的手段，为档案工作提供了物质对象。档案收集工作质量的高低直接影响到档案的整理、鉴定和利用等工作。

（二）档案收集工作内容和要求

1. 档案收集工作内容

一般包括档案室对本单位需要归档的档案的接收、档案室对本单位未能及时归档的档案的补充收集。

2. 档案收集工作要求

全面、及时掌握入室档案的形成、流动、管理和使用等方面的情况；保证归档标准及时和入室档案的齐全完整；建立、健全机关文件的归档制度，严格按归档制度要求完成；配合各部门做好档案的平时收集工作。

（三）档案室收集工作的职责

在归档工作中，从程序上看，档案室或档案管理人员只是负责验收案卷，但实际上，为了达到齐全完整地将档案集中到档案部门的目的，档案室或档案管理人员不仅需要关注文件归档的结果，更重要的是需要关注和参与文件的形成、运行、立卷归档的全过程。为此，档案室或档案管理人员在收集工作中还要承担如下职责：

1. 监督文件的形成过程

文件的形成是归档的源头。在实际工作中，一些单位因忽视文件的形成而导致档案不完整，因此，不仅要力求将已经形成的具有保存价值的文件收集齐全，而且还应该注意文件在形成和处理过程中的情况。例如，要注意了解本单位是否建立了电话记录制度、会议或活动的记录（录制）制度，本单位的文书工作制度是否完善，等等。

当发现本单位在文件形成和管理过程中存在问题时，应及时向有关部门或领导反映，提出改进的建议。同时，在发现了文件形成的漏洞之后，应该尽量采取补记、补录、补拍等措施补救，以保证重要文件的完整。

2. 督促归档制度的落实

虽然，从根本上说，一个单位归档制度的建立和推行是领导者的责任，然而，由于文件归档的成果最终要由档案部门接收，所以单位的档案部门和档案管理人员有责任从如下三个方面协助领导督促归档制度的落实：其一，参与本单位归档制度的制定工作。其二，开展归档制度的宣传工作，使本单位的工作人员深入了解归档制度的内容和要求。比如，在宣传橱窗中张贴归档制度和档案利用规定，表扬归档工作做得好的部门和人员等。其三，对单位归档制度的执行情况进行监督，对发现的问题及时提出改进的建议。

3. 指导文书部门的立卷归档工作

档案室或档案管理人员对文书立卷归档的业务指导工作包括如下内容：

（1）协助单位确定立卷地点和分工立卷的范围

立卷地点是指一个单位应该由哪些部门或人员具体完成文书立卷工作，这是在组织上落实直接责任部门或人员。分工立卷范围是指各种内容的文件应该由哪些部门或人员负责立卷，这是为了避免文件重复立卷或遗漏立卷的情况发生。

在确定立卷地点和分工立卷范围时，我们可以有两种选择：

其一，单位内部各部门处理完毕的公文，均集中到办公厅（室），由办公厅（室）的文书人员负责立卷工作。一些内部机构少的小型单位，其立卷工作则由专职或兼职的文书人员承担。

其二，根据规定的分工范围，由办公厅（室）与各职能部门及其专职或兼职文书人员分别承担相关文件的立卷工作。例如，办公厅（室）负责方针政策性的、全面性的、重大问题的文件及以单位名义发出的文件的立卷，单位的科研、生产、营销等部门负责相关业务性公文的立卷。

除了上述两种立卷形式外，对一些业务部门形成的专门文书，还可以采取单独立卷的方式。如会计、统计、人事、科研、保卫等部门形成的业务文书，由这些部门指定专人负责立卷。

（2）参与编制文件立卷方案

立卷方案包括文件分类表和立卷类目两个部分，有时这两个部分可以各自单独构成文件，有时则可以作为一份文件。立卷方案是对文件实体进行分类和组卷的蓝图。档案室或档案管理人员参与编制立卷方案的工作，有利于及时将国家的有关规定和档案管理的要求体现在文件中，从而保证文件分类、立卷的合理性和系统性。

（3）对立卷操作进行业务指导

立卷的操作就是对归档文件进行系统整理，使其形成有序的保管体系。在这个过程中，档案室或档案管理人员有责任深入立卷工作现场，对立卷操作进行业务指导，帮助立卷人员正确掌握标准，及时解决立卷中出现的疑难问题。

（4）进行归档案卷质量检查

在立卷过程中，档案室或档案管理人员应该进行阶段性的案卷质量检查，发现问题及时整改。在立卷工作结束后，档案室或档案管理人员还应进行终结性检查，以从总体上把握案卷质量。

4. 开展零散文件的收集工作

零散文件是指单位在收集工作中未及时归档的文件。出现零散文件的原因主要有：一些会议文件、内部文件由于未经收发文登记而在归档时容易遗漏；一些承办部门或工作人员未及时交回文件，等等。由于多方面的原因，单位即使建立了归档制度、开展了正常的归档工作，也难免有零散文件存在。对此，档案室和档案管理人员应开展对零散文件的收集工作。

收集零散文件可以采取下列方法：其一，根据单位内部机构调整、领导干部职务调动、工作人员岗位变动等情况，收集散存在承办部门或人员手中的文件；其二，结合单位的管理评估、安全监察等活动，清理和收集文件；其三，通过编写大事记、组织沿革等参考资料，有针对性地收集一些散存的文件。对零散文件的收集，并不是一项可有可无的工作，相反极为重要，不仅应该纳入工作日程，而且需要有制度保证。我们可以通过协助单位的领导制定会议文件归档制度、干部离任档案移交制度等，将档案文件的收集工作制度化，变被动为主动，保证档案的齐全完整。

（四）档案人员岗位责任制

1. 热爱档案事业，认真学习档案专业知识，不断提高专业化水平。

2. 严格执行《档案法》以及党和国家有关档案工作的方针、政策及法规，认真履行自己的职责。

3. 熟悉业务，了解本单位历史和现状；认真编制检索工具，编写参考资料，积极做好提供利用工作。

4. 做好档案库房管理工作，定期对档案库房、设施进行检查，发现问题及时报告，妥善处理。

5. 忠于职守，认真履行档案业务中的监督、检查和指导职责，推进本单位档案管理水平的提高。

6. 认真做好档案管理日常工作，严格各项管理制度，切实做好档案保密工作，防止泄密事件发生，确保档案资料的完整、安全。

（五）档案平时收集注意事项

平时收集主要针对日常工作中的零散文件、账外文件和专门文件。

档案人员要明确档案收集工作的意义，提高档案收集工作责任感；主动加强本单位各部门的相互联系，了解档案产生情况，确保档案全部、及时收集；掌握单位工作活动规律，抓住机会进行收集。

第二节 档案的装订管理

一、归档文件整理

归档文件以"件"为整理单位。一般以每份文件为一件，文件正本与定稿为一件，正文与附件为一件，原件与复制件为一件，转发文与被转发文为一件，报表、名册、图册等一册（本）为一件，来文与复文可为一件。

分类方案的"最低一级类目"是指分类时所确定的类目体系中设在最低一级的类目，例如，按照"年度机构—保管期限"分类中，"保管期限"即为最低一级类目。在最低一级目录内，按事由结合时间、重要程度等排列。会议文件、统计报表等成套性文件可集中排列。

二、归档文件修整

（一）修裱破坏文件

修裱是指使用黏合剂和选定的纸张对破损文件进行"修补"或"托裱"，以恢复文件的原有面貌，增加强度，延长寿命。其中，修补主要针对一些有孔洞、残缺或折叠处已被磨损的文件，包括补缺的托补；托裱则是在文件的一面或两面托上一张纸以加固文件。

（二）复制字迹模糊或易褪变的文件

对字迹模糊或易褪变的文件，一般采用复印的方式进行复制。如传真件字迹耐久性差，必须复制后才能归案。但复印件本身也存在耐久性方面的问题，如易粘连等，需要采取一定措施加以防范。为减少复印件粘连的概率，复印时墨粉浓度不宜太大，颜色不宜太深，并且最好采用单面复印。

（三）超大纸张折叠

实际工作中，某些特殊形式的文件，如报表、图样等，纸张幅面大于A4或16开型，而档案盒尺寸是按照A4纸张的大小设计的，这就需要对超大纸张加以折叠。折叠的操作要求比较简单，但要注意减少折叠次数，同时折痕处应尽量位于文件、图表字迹之外。文件页数较多时，适合单张折叠，以方便归档后的查阅利用。

三、归档文件装订

（一）常用装订方法

1.线装式

从档案保护的角度看，线装无疑是最好的选择。但除了较厚的文件，"三孔一线"的装订方法已不再适用于文件档案管理。现在的常见做法是使用缝纫机在文件左上角或左侧轧边，但这种方式存在针角过密、易造成纸页从装订处折断的问题，且设备成本也相对较高。如在文件左上角或左侧穿针打结，操作比较烦琐。

2. 变形材料

使用变形材料装订方法简单，但对材质必须有较高的要求。金属制品如不锈钢夹、燕尾夹等，必须采用质地优良的不锈钢制品，而且必须考虑所在地区气候条件以及库房保管条件，谨慎使用；制品则必须同时有足够强度，以免年久断裂。要注意使用金属装订的归档文件材料不能使用微波设备进行消毒，否则可能引起火灾。

3. 黏接式

一般采用糨糊及脱水粘贴的办法，成本较低。但这种方式存在可逆性差、复印及扫描时不能拆除的缺点，材料的可靠性也有待进一步论证。还有热熔胶封装的办法，但由于成本较高不易推广。另外，穿孔式的铆接方法对档案破坏较大，因此不宜用于归档文件的装订。

（二）装订具体做法和要求

1. 确定装订位置，从左到右横写文书左侧装订。
2. 除去金属物，以防锈蚀文件。
3. 修正裱糊破损文件。
4. 折叠理齐大小不一的纸张和长短不齐的文件。
5. 案卷采用三孔一线的方法装订，结头打在背面。
6. 复制字迹已扩散的文件，并与原件一起装订。

四、档案装订的相关注意事项

（一）归档案卷的质量要求

1. 归档案卷质量总要求

遵循文件材料形成规律和特点，保持文件之间的有机联系，区别不同的价值，便于保管和利用。

2. 归档案卷质量具体要求

第一，归档的文件材料种类、份数、页数都应齐全完整。

第二，卷内文件材料应区别不同情况进行排列，密不可分的文件材料应依序排列在一起，即初稿排在定稿之后。

第三，卷内文件应按排列顺序，依次编写页号或件号。装订的案卷，应统一在有文字的每页材料正面的右上角、背面的左上角填写页号。

第四，永久、长期和短期案卷必须按规定的格式逐件填写卷内文件目录，对文件材料的题名不要随意更改和简化；填写的字迹要工整。卷内文件目录放在卷首。

（二）档案装订的注意事项

第一，在归档的文件材料中，应当将每份文件的正件与附件、印件与定稿、请示与批复、转发文件与原文件、多种文字形成的同一文件，分别立在一起，不得分开；文电应合一立卷。

第二，不同年度的文件一般不得放在一起立卷，但跨年度的请示与批复，放在批复年立卷；跨年度的规划放在针对的第一年立卷；跨年度的总结放在针对的最后一年立卷；跨年度的会议文件放在会议开幕年立卷；非诉讼案件放在结案年立卷；其他文件材料的立卷应按有关规定执行。

第三，有关卷内文件材料的情况说明，都应逐项填写在备考表内，若无情况说明，也应将立卷人、检查人的姓名和时间填上以示负责。备考表应置卷尾。

第四，卷内文件要去掉金属物，对破损的文件材料进行修裱。

第五，案卷封皮和其他包装纸应采用无酸纸制作。

第三节　档案的科学利用

一、档案资源利用的方式与途径

数量庞大的档案，通常是根据其自然形成的体系整理和存放的，而档案的使用者则有着不同的、特定的利用需求。为了满足利用者不同的需求，通过各种方式有效地提供档案和有关资料，建立起档案的检索系统，以方便使用者迅速、快捷地查找到档案。开展档案利用的方式和途径有很多，主要的有以下几种：

1.开设阅览室

通过开设阅览室，直接提供档案原件或复制件借阅。这种方法，在企业被广泛使用。

阅览室是联系档案的保管者和利用者的纽带，是档案工作发挥作用的主渠道，是社会各界了解和认识档案事业的窗口。一般要做好以下几个方面的工作：阅览室的设置需兼顾优质服务和严格管理两个方面。阅览室要求明亮、宽敞、安静、舒适、清洁和方便。

一般应有服务台、阅览桌和存物处等设施。阅览桌以无抽屉为宜,以便于管理人员必要的监护。为方便利用,还应准备一些工具书以及与所藏档案密切相关的参考材料。

(1) 建立必要的规章制度

建立必要的规章制度可以维护阅览室秩序和档案的安全。阅览室开放制度内容包括阅览室接待对象、档案材料的阅览范围、批准权限和入室手续、档案索取和归还手续以及利用者应爱护档案的若干具体规定等。

(2) 有条件地实行内部开架阅览

为方便科技人员迅速地大量查阅,在某些企业、事业单位,可以有条件地实行内部开架阅览。开架阅览的基本做法是:第一,可供阅览的是科技档案副本;第二,开架的科技档案是非密的或密级较低的;第三,提供专门的开架阅览场所;第四,编写开架部分科技档案的检索目录,注明存放位置,并在每个阅览架上编制"科技档案检索图表";第五,有资格进入开架阅览室的是本单位内部的有关人员。

2. 档案外借

档案外借是指按照一定的制度和手续,将档案携出档案馆或档案室阅览、使用。

档案馆档案一般不借出馆外使用,在个别情况下,为照顾某些工作岗位的特殊需要或必须用档案原件等特殊需要,才可以将档案暂时借出馆外。在机关和企业内部,尤其是企业,档案携出档案室使用,包括到科研、生产一线现场相对多些。但特别珍贵和易损的档案,是禁止借出的。

为了便于掌握档案流动情况和安全检查,档案被借出时,应做借出记录,可以填制"代理卡"放在档案原来存放位置上,借出的档案归还后将代理卡撤出。

3. 制发档案复制本

根据档案原件制发各种复制本,是开展档案利用工作的一种重要方式,又称"复制供应"。其包括内供复制和外供复制。外供复制又是实现科技档案有偿交流的一个途径。

档案复制本分为副本和摘录两种。复制方法主要有复印、手抄、打字、印刷和摄影等。

这种方式有较多的优点,既可以提高档案利用率,缓和供需矛盾,又便于保护档案原件。这种方式也有一些缺点:第一,利用者查阅档案,总想看到原件,尤其用作凭证时,一般的档案复制本往往不令人满意。第二,由于现代复印技术的快速发展,尤其是静电复印机的广泛应用,有可能使复制本失控,造成多处多份复制、随意公布档案的事情发生,不利于档案保密和维护技术产权等方面的权益。为此,必须对档案复制本制发范围和批准权限作严格管理规定。单位秘书在有关事务中要切实负起责任。

在企业档案部门中,有一种与复制供应密切相关的提供利用服务方式,称为"技术市场交流"。它是指企业档案部门将企业的科技成果档案制成复制品后,推向市场,参与技术贸易,为企业创造更多的经济利益。这种方式能够给企业带来一定的经济效益,对科技成果的时效性要求较高，在为技术信息市场化服务的过程中，应注意保护企业技术秘密。

4. 出具档案证明

档案证明是档案保管单位向申请询问、核查某种事实在所藏档案中有关记载的利用者出具的书面证明材料。

在社会生活中，有些机关、企事业单位或个人，为处理和解决问题往往需要档案部门提供证明材料。例如，公安、司法、检察部门在审理案件过程中需要证明材料，个人在确认工龄、学历、职称方面需要证明材料等。

出具档案证明，档案人员只有在利用者正式申请下才能进行，而且对申请的审查和证明的拟写，都必须认真对待。申请书应写明要求出具证明的目的以及所查证问题的发生地点、时间和经过。档案证明一般应根据档案的正本或可靠的副本来拟写。在没有正本或副本的情况下，也可利用草稿（草案）。不论根据什么材料，都应注明其出处。出具档案证明时，档案工作人员不能妄加评论妄下结论，只能对有关材料进行客观的、如实的叙述或摘录，尤其对所要证明的问题起关键性作用的内容应做到原件的字、句，甚至标点完全吻合。证明填写好后，必须加盖公章，这样拟写的档案证明才能生效。

5. 提供咨询服务

咨询服务形式是档案人员以档案为依据，以自己所掌握的业务知识和专业技术知识为基础，对查询者提出的问题进行解答，或指导利用者获得有关某一方面档案的线索。档案人员会接触到各种情况的咨询业务，有一般性咨询，也有专门性咨询；有事实性咨询，也有知识性咨询；有专题研究性咨询，也有情报性咨询。

6. 印发目录

印发目录方式多用于科技档案的利用服务工作。它是将档案目录印制分发到有关部门。其包括内部印发（向内部各机构和下属单位印发）和外部交流两种，其目的是为了交流情况、互通信息。

7. 举办档案展览

档案展览，是根据某种需要，按照一定主题，系统地陈列档案材料。这是通过展示和介绍有关档案的内容和成分而提供利用的一种服务方式。

档案展览的作用突出地表现在两个方面：

第一，有利于宣传档案意义和提高社会档案意识。参展的档案材料一般是经过精心挑选的，容易给观众留下深刻的印象，进而引起人们对档案和档案工作的进一步重视，增强档案意识。

第二，有利于广泛发挥档案的作用。举办档案展览本身就是一种提供利用的方式，而且这种形式能在一定时期、一定范围内满足较多观众的参观要求，服务面广泛。这种形式会使档案的宣传教育作用得到充分发挥，能取得其他任何形式都达不到的广泛、深刻、生动的效果。

举办档案展览，要注意突出其思想性、科学性、业务性和艺术性。为使其达到满意的效果，首先要选好展览主题，然后精心选取和组织材料。档案馆根据自身的条件，可在馆内设长期的展览厅（室）；也可配合当地各种工作和有关的活动，酌情举办各种类型的档案展览会，如历史档案展览会、革命历史档案展览会、各种纪念活动等；或配合机关工作，举办各种小型的展览会，如工作或生产成果展、科研成就展等。其次，要对入选档案合理分类，编写前言、各部分标题、提要和介绍。围绕主题挑选档案，是组织展览过程中最重要的一环。档案展览内容的思想性、科学性和展出的效果如何，往往取决于展出档案的内容和种类，布展时要选择最有价值和最有意义的材料，特别是选择能正确反映历史事件、提示事物本质的材料。此外，还必须注意档案的保护和保密工作。对于机密档案，要严格按照事先确定的范围组织参观。展出的档案一般都用复制品。必须展出原件时，应采用透明装置保护措施，以防止档案的遗失和损坏。

二、档案资源利用的内容、意义与规定

（一）档案利用工作的内容

档案利用工作，是指采用多种有效的方式直接提供档案及其信息加工材料，及时、准确地满足用户对本单位档案的利用需求的工作。从严格意义上讲，档案利用工作又可以区分为"提供档案利用"和"利用档案"这两个既有密切联系又相对区别的概念。

"提供档案利用"针对档案管理者而言，是指档案管理部门和人员以所藏档案信息资源作为基础，通过一定的方式和途径，直接提供档案，为前来了解查询问题的利用者提供服务的工作；"利用档案"针对利用者而言，是指利用者以阅览、复制、摘录等形式使用档案的活动。善于利用档案馆、档案室的档案，是现代秘书人员的基本功。

档案利用工作的内容主要是：熟悉本单位档案资源的内容成分，了解单位的业务活动及业务流程，掌握用户对档案信息的需求，通过咨询和接待等服务工作，把经筛选鉴别、加工整序、编目汇纂出来的档案信息提供给用户，满足其利用需要。

（二）开展档案利用工作的意义

1.档案利用工作是档案工作的根本任务

档案事业的发展离不开社会对档案的利用，我们做档案工作不是空头的理论工作，

而是要把它付诸行动，应用于实践，为国家和社会的各项工作服务。各机关、企事业单位设置档案室和专职工作人员，其目的就是利用档案为国家服务。由此可见，档案利用工作是实现档案工作目的的关键，是手段，是档案工作的根本任务。

2. 档案利用工作为档案工作提供了展示平台

档案利用工作运用各种形式为档案工作提供材料，为社会服务，利用工作可以通过宣传，使人们认识其社会价值和重要地位，或者直接与利用者发生关系，体现档案工作的服务性和政治性，进一步提高自身的利用价值。因此，我们把档案利用工作比喻成联系社会的一个窗口，利用工作做得如何，是衡量档案室（馆）业务开展的程度、工作好坏的主要标志。

3. 档案利用是档案工作中最富有活力的一环

档案利用工作与社会服务者有着密切的关系，是利用者与被利用服务者之间的桥梁和纽带。档案利用工作为服务者提供材料，服务者可以为档案工作着力宣传，两者相辅相成，休戚与共。另外，档案利用工作对整个档案工作有着检验和督促作用，平时工作中要监督各项工作做到防患于未然。在利用工作中可能会遇到各种各样的困难，或意想不到的事件，这时就需要我们有着严谨的态度去发现档案工作中出现的问题，看看材料收集是否齐全、整理是否系统、鉴定是否准确、保管是否安全，并做到合理修补。

（三）人事档案的利用规定

干部人事档案管理的最终目的是为了更好地利用干部人事档案，开展干部人事工作，管理人员资源。但干部人事档案的利用不同于一般的档案材料，它必须按照干部管理权限确定的范围进行。对查阅、借阅不同层次干部的档案，国家规定了相应的审批制度。尽管各地区、各部门具体的审批办法有所不同，但最基本的规定是，因工作需要才能查阅和借阅干部人事档案，并且必须遵守下列规定：

第一，查阅单位应填写"查阅干部档案审批表"，按照有关规定办理审批手续，不能仅凭调查证明材料、介绍信直接查阅档案。

第二，档案管理单位有权根据规定，确定是否提供和提供哪些材料。

第三，凡查阅干部人事档案，利用单位应根据有关部门的具体规定，派可靠人员到保管单位查阅室查阅。

第四，档案一般不借出使用。如有特殊情况借出使用时，要说明理由，经过主管部门负责人批准，并严格履行登记手续，限期归还。借阅单位不得擅自转借他人。

第五，任何人不得查阅或借阅本人及其直系亲属的档案。

第六，查阅档案，必须严格遵守保密制度和《中华人民共和国档案法》有关规定，严禁涂改、圈画、抽取、撤换档案资料。查阅者不得泄露或擅自向外部公布档案的内容。

第七，借用、查阅档案的单位或个人，不得擅自复制档案内容。因工作需要从档案中取证的，必须请示档案主管部门审查批准后才能复制（拍摄）。

三、档案资源的有效开发

档案信息开发的途径和方式很多，其中最主要的是编写档案参考资料。档案参考资料，是档案部门或人员按照一定的题目，对有关档案材料的内容进行研究、综合、加工而成的，可供利用者直接阅读使用的一种档案材料加工品。档案参考资料改变了档案原来的形式，具有问题集中、内容准确、文字精练、概括性强的特点，不仅能起到一定的介绍和报道档案情况的作用，而且更重要的是，可以直接为利用者提供有实际内容的档案材料。参考资料的最大优点在于利用者不必翻阅大批档案，便可简明扼要地得到所需的材料。下面介绍几种常用的档案参考资料的编写：

1. 大事记

大事记，就是按照时间顺序，简要地记载一定历史时期发生的重大事件的一种参考资料。它是一种以时为经、以事为纬，简明地记载和反映一定范围内各种重要史实的资料书和工具书。它可以向利用者提供某一问题的历史梗概，便于人们研究史实的演变及其规律性，是总结工作、编写资料、考证历史的重要依据。

大事记述的特点是必须严格地按照时间顺序记载有关历史事实，使用编年纪事体。编年纪事体是一事一记，逐年、逐月、逐日以事件发生的时间先后为序记述，一日数事，则分条记述。

秘书人员编写的大事记主要是持续反映本单位情况的单位大事记。

编写大事记应尊重历史、尊重事实，维护事物的本来面目，客观地加以记述。其具体要求有三：第一，观点正确，用材真实；第二，大事突出，要事不漏，小事不记；第三，系统条理，简明扼要。

大事记的内容，主要由大事时间和大事记述两部分组成：

（1）大事时间

大事时间，一般要求记载准确的日期，并按照大事时间的先后顺序排列，以便反映事件发生、发展进程；每件大事年、月、日齐备，有的甚至写明确切的时、分、秒。对时间不确切的事件，应尽力进行考证。先排有确切日期的大事，后排接近准确日期的大事，日期不清者附于月末，月份不清者附于年末。

（2）大事记述

大事记述是大事记的主要组成部分，通过对许多重大事件的记述，反映历史发展的概貌和规律。大事的合理选择，是撰写这部分内容的关键。如何选择和确定大事，需要考虑如下三方面因素：

第一，要立足于本单位，突出本身活动。属于全国或其他较大范围内的大事，只有与本单位密切相关的大事才记；否则，不予记述。记述的目的在于说明大事的背景和由来。

第二，要根据本单位的性质、任务和主要职能活动选择大事和要事。一般情况下，反映主要职能活动的重要事件，才能列入大事记的范围。

第三，要体现本单位的特点，突出一定时期的中心工作、重大事件和要事。

2. 组织机构沿革

组织机构沿革是以文字或图表形式，系统记载一个单位或专业系统的体制、组织机构和人员编制变革情况的一种文字材料。

（1）内容

组织机构沿革的内容大致包括单位（系统）概况、机构名称改变、地址迁移、成立、撤销或合并时间、隶属关系、性质和任务、职权范围、领导人员变动、编制扩大与缩小以及内部机构设置等方面变化情况。

（2）编写体例及格式

组织机构沿革可以采取文字叙述或图表的形式，也可图文并茂。根据组织发展特点，选择不同的编写体例：一是编年法，即按照年度依次列出组织机构的演变发展；二是阶段法，即按照组织机构重大变革的若干历史阶段，分别记述各历史阶段组织机构的演变发展；三是系列法，即按照组织机构变化的主要内容，分别记述演变发展情况。

3. 统计数字汇集（基础数字汇集）

统计数字汇集是以数字语言反映某一单位或某一地区、某一系统的某一方面情况或若干方面基本情况的一种参考资料。它是反映一个单位、系统或某一方面基本情况的一种数字材料，是了解情况、研究问题、制订计划、指导工作和总结经验不可缺少的依据和参考。

统计数字汇集按其内容可分为综合性和专题性两种。综合性的统计数字汇集是记载和反映一个单位、系统全面情况的，包容性强，篇幅较大。专题性的统计数字汇集则是记载一个单位或系统在某个方面的基本情况的。

整体结构：总标题，单位、内容、名称、时间，编制说明，正文。

4. 会议简介

会议简介是简明扼要地记述会议基本情况的一种文字材料。广大机关、企事业单位干部经常需要查询会议的档案材料。例如，筹备一个会议之前，先行查阅以往有关会议的档案材料，许多程式性的内容可沿用旧例，以收到事半功倍之效。

会议简介的主要内容应包括会议届次，召开的时间、地点，主持人，参加人（代表名额、分配情况、列席范围），会议议程，讨论与会议决策事项以及选举结果等。

5. 科技成果简介

科技成果简介是科技档案的编研成果之一，是指对获得成果的科研设计项目的档案资料，扼要摘录其内容，汇集编印成册的一种参考资料。其内容一般包括：项目名称、项目内容、投资费用、主要技术经济指标或主要技术参数、经济效益、应用推广情况、鉴定评审情况、获奖情况、转让方式和费用等。

6. 企业年鉴

企业年鉴是记录和汇集一个企业一年间的生产、经营、基本建设、科学研究等各类大事的有关文献、照片和统计数据等的综合性参考资料。

企业年鉴的特点是，利用年度的各种文字总结、数据报表、照片和说明文字等，记述和反映一个企业的综合发展状况。它一年编制一个卷册，年年记录汇录，但又前后连贯。

企业年鉴对于了解企业的综合情况和数据，进行工作总结、预测未来、计划决策，以及进行科学研究和编史修志等，可以提供比较系统和全面的档案材料。它被誉为"办公桌上的档案数据库"。

7. 企业史志

企业史志是依据企业档案信息撰写的史料性质的编研成品。从内容上划分，有就企业全部生产经营活动编写的综合性史志，也有针对某项专业活动撰写的专门性史志。企业史志史料性强，是以客观反映和系统阐述企业生产经营、科技工作及其各项管理的发展历史与发展规律为目的的，因此一般具有较高的和长远的利用价值。

8. 科技图册

科技图册也称"科技图集"，是以图样为主体，配以必要的文字和数字说明的编研成品。图样可以是设计图，也可以是简图或示意图等。图册主要用来表示产品或设备的规格、结构、性能、技术参数等，或表示基建工程设施的规模、布局、走向、结构、数据等。图册根据用途不同而有所区别，有为产品研制服务的图册，有为设备管理或工程设施管理服务的图册，有为技术交流或产品加工订货服务的图册等。

9. 科技手册

科技手册是以科技档案信息为依据，简明、扼要地概述特定范围的科技活动或专业的基础知识与规范的资料性工具书。所谓基础知识，是指专业性的基本数据、常用的计算公式和测试方法等。这些基础内容多是经过实践验证的成果和经验总结，带有一定的规律性，具有某种规范意义，是从企业档案中筛选出来，为企业各级领导、各种业务管理部门和技术人员、管理人员经常使用的，在形式上是可以随身携带备用的一种工具书。

10. 科技简报

科技简报是连续地报道科技档案信息的活页式编研成品。为了提高档案部门的信息反应速度，近年来许多档案部门分别创办了《档案信息》《档案信息快报》等，是以及时、定向地传递科技档案信息为主要目的的刊物，受到科技档案利用者的好评。科技简报就是这类刊物的代称。科技简报可分为定期与不定期两种。

四、档案资源开发的特点

首先，档案开发利用工作能更集中、更全面地提供档案信息，更好地利用档案。档案开发利用工作向需要者提供的不是档案材料中的原始信息，而是经过档案人员提炼、整理、编辑的二次信息。这些信息不再像原始信息那种处于一种分散、零乱的状态，而是组织成一个有机的整体。这些整体向我们清晰地展示出一个事物、一段历史、一类产品、一项工程的前因后果、来龙去脉及全部特征。对需求者而言，既可以省去查找、摘录、分类的烦恼，又可以迅速掌握某一问题的详细资料，取得较好的利用效果。

其次，档案开发利用工作能够有效地保护档案的原件，广泛传播档案信息。一方面，由于档案开发利用工作编研的各种资料上的信息均来源于原始档案，同样能作为各项工作的凭证和依据，通过利用各种资料能有效避免对档案原件的反复使用，减少利用带来的损耗，起到保护档案原件的作用；另一方面，由于各种资料上的信息又不完全等同于单份档案，它比单份档案更加丰富、全面和系统，加上资料可以大量印制甚至出版发行，因而开展档案开发利用工作能够广泛传播档案信息，扩大档案利用范围和影响面，帮助更多的需求者利用到档案资源。

最后，档案开发利用工作能够帮助档案人员提高业务水平，促进档案工作各环节的开展。档案开发利用工作是一项专业性、研究性、综合性较强的工作，对档案工作人员的素质有较高的要求。它不仅要求档案工作人员有一定的政治思想修养和理论水平，还要求档案工作人员精通档案专业知识，熟悉本单位档案的内容、价值、利用需求、特点等，同时档案工作人员还应具有较强的综合分析能力和文字能力。所以，开展档案开发利用工作实际上是对档案人员基本素质和业务能力的一次检验和推动。

档案开发利用工作的开展还需要以坚实的基础工作为前提。如果基础工作达不到一定的要求，面对一堆杂乱无章的档案，是无法进行深加工的。因此开展档案开发利用工作，还可以推动档案管理水平的全面提高。

五、档案资源开发的注意事项

档案参考资料是档案开发利用的一项重要工作。编写各种档案参考资料应注意以下几点：

第一，要广泛征集资料，熟悉馆藏的内容，掌握一定的原始材料以供编写。

第二，注意材料真实、准确、表述恰当。

第三，注意实用性。编研成果能否受到社会欢迎和重视，主要取决于它的现实有用性，因此档案部门要积极调查，了解社会需求，按需编研。

第四，注意保密性。档案本身就有一定的保密性，因此在编制档案参考时，要注意保密，确保档案信息的安全。

六、档案管理的优质化服务

（一）档案服务的要求

满足计划决策人员对档案的需求

计划决策人员包括两个层次的管理人员：中层管理者和高层领导者。计划决策人员是档案部门利用服务的主要对象，满足其对档案的利用需求主要有以下几个方面：

（1）提供档案信息的性质和范围方面

计划决策人员要求利用综合性的、可靠的、涉及面比较广泛的档案材料，越是高层的管理者，其考虑问题越要全面、决策越为关键，所以越需要档案人员提供经过加工的概括性、综合性强的高层次信息，越要求信息可靠，也越需要提供综合参考的非档案类的外部信息。

（2）提供档案信息内容方面

有两方面的材料是所有计划决策人员共同关注的：其一，政策性文件和分析论证材料；其二，历史上处理类似问题所形成的材料，包括决策方案、决策依据、反馈意见等。例如，本单位的机构沿革、工作或经营活动方面的历史情况和统计数据；有关本单位工作业务方面的国家和地方、上级部门的法律、法规、行政规章，有关某方面工作成功和失败的典型案例分析，国内外同行业的情报材料等。

（3）提供时间和方式方面

有特殊要求的计划决策人员希望用较少的时间了解较多的信息内容，经过加工、汇集而成的信息密集度高的材料更受欢迎。此外，计划决策人员很少有时间亲自到档案部门查阅，利用过程常常是委托进行，在服务方式上最好做到主动上门服务。

（二）满足基层管理者对档案的需求

基层管理者主要从事具体的业务管理、事务工作。不同性质、不同规模的组织机构，其具体的基层管理工作存在着一定的差别，一般包括生产、财务、人事、行政、销售等部门所进行的业务、事务活动。满足其对档案的利用需求主要有以下几个方面：

1. 提供档案信息的性质方面

要提供具体、详尽、实用性强的信息，能对具体工作给予帮助。档案工作人员应编制详细的检索工具，以方便查询。

2. 提供档案信息的内容方面

往往需要提供关于管理对象的有关信息，范围相对固定，如行政管理人员经常利用文书档案、会计人员经常利用会计档案、销售人员经常利用销售档案。

3. 提供信息的范围方面

主要是单位内部信息，且其利用比较有规律。

（三）满足科研人员对档案的需求

单位内部的科研人员，一般从事的是应用技术的研究，也有少数是开展基础研究的。另外，单位外部从事基础研究和应用技术研究的科技人员，有时也需要到单位来查询利用相应的科技档案。满足其对档案的利用需求主要有以下几个方面：

第一，提供信息的范围方面，科技人员的利用需求比较稳定，通常表现为对某一个或多个相关主题的档案信息的需求。

第二，满足其利用信息的形式方面，科技人员更愿意利用原始材料。

第三，对查全率要求比较高，要求提供关于某一专题的完整、准确、系统的成套材料。

（四）满足工程技术人员对档案的需求

工程技术人员进行应用技术的研究，从事具体的工程、产品和其他科技任务的设计、施工、生产或管理、操作、维修等工作，属于具体的生产技术和生产工艺性质的活动。满足其对档案的利用需求主要有以下几个方面：

第一，提供档案信息的性质方面，要提供针对性强和内容具体的信息材料，如查用某个具体的图形、数据、报表等。

第二，提供档案信息的内容方面，比较注意专利文献和标准化材料，需要同类客体、同类项目或同行业的最新信息。

第三，提供时间方面，要求迅速和及时。

（五）档案服务的针对性

第一，要了解本单位业务、形势和工作进展情况，增强超前意识，有的放矢、快速高效地做好档案服务工作。

第二，要善于提供经过筛选、综合、归纳和提炼的档案编研成品，还要善于利用国家各级各类档案馆的档案，甚至要提供由档案、图书和情报综合而成的信息。

第三，要对不同级别的用户分别对待，明确不同用户的不同利用权限。一般来说，决策层、高级管理者、高级技术人员的利用权限大于一般职工。

七、档案利用服务

"提供档案利用"与"利用档案"是档案利用工作的两大方面。有利用需求，才有档案利用工作，有档案利用工作才能实现对档案的利用。这两者表现为一个过程的两个方面。"提供档案利用"是"利用档案"的前提条件，"利用档案"是"提供档案利用"的目的。

八、档案的电子化服务

档案的电子化服务是在计算机技术迅猛发展的形势下兴起的一种档案的新型利用方式。它是指档案部门利用电子化办公设备和现代通信技术，向利用者提供非纸质载体的数字化档案。

由于办公自动化的进一步扩展和深化，特别是电子计算机和通信技术相结合形成了信息技术产业，过去的文字、图表、图形、影像、科技文件材料等各种档案形式都可以采用电子档案的形式进行处理和利用。同时，在国家的倡导下，政府各部门、各企事业单位在开展网络办公、电子办公等工作中形成了大量电子文件，随着这类档案在各级档案部门中的增多，电子化服务将会在今后得到越来越广泛的运用。

实现档案信息开发利用的电子化具有诸多优势：第一，能将文字、声音、图像结合起来，向利用者提供多媒体信息；第二，能使利用工作变得方便高效，电子化服务通过多媒体的超文本技术，可将计算机存储、表现信息的能力与人脑筛选信息的能力结合在一起，提高检索效率；第三，能够提供超时空、全方位的信息服务。

档案电子服务化的方式主要有以下几种：

（一）直接利用

直接利用，即到档案部门直接查询电子档案。这一方式要求档案部门建立完善的档案数据库，配备拥有先进的硬件设备和实用、标准的软件环境的电子阅览室，以便利用者方便高效地利用电子档案。在直接利用中应注意对利用者利用权限的限定，无论采取哪种方式，系统都应对利用者进行全程跟踪监控，并自动进行相关记录，以保证档案信息的安全，同时也作为对利用工作查证的依据。

（二）提供拷贝

提供拷贝即向利用者提供记录在特定载体上的电子档案，所用的载体应随不同利用对象而异。对使用大型电子计算机设备的利用者，以提供磁带为宜；对一般的微型电子计算机的使用者，如果档案数据量较少，可用U盘或硬盘进行提供，若是大量的电子档案，则可考虑用只读式光盘进行提供。在提供拷贝时，应将电子档案转化成通用的、标准的存储格式，以方便利用者查阅使用。

（三）通信传输

通信传输即通过网络环境直接传递档案信息。这种方法比较适用于馆际档案信息的互相交流和向相对固定的档案用户提供档案资料，可以通过点对点数据通信或互联网来实现。这种方式可以在较短时间内提供大量的档案信息，内容丰富、速度快捷、效果良好。

（四）网络服务

档案网络服务是近几年来基于互联网建立起来的一种全新的档案提供利用方式。其具体方法是档案部门将经过提炼加工后的档案信息链接在专门的网站和网页上，利用者根据自己的需要随时进行异地查阅。网络档案信息服务超越了时空界限，充分发挥了网络的互动功能，利用超文本链接提供多媒体服务，效果十分理想。但目前，网络技术的一些瓶颈制约了网络服务的进一步开展：一是大量的电子档案不可能都存储在网络中，否则将会对网络资源带来浪费，档案部门虽可以采用根据利用者的需求定期向系统加载信息的方法解决这一问题，但毕竟影响了档案信息作用的全面发挥。二是档案利用权限不易控制，档案信息与一般网络信息不同，它有着较强的政治性和机密性，一旦失控，将会给国家和单位造成不可挽回的损失。目前我国网络的安全性还存在着较大的隐患，防范能力差、抗攻击能力弱等技术缺陷较明显，硬件设施、软件环境依赖国外等问题都会影响网络服务的正常运行。三是网络资源需要定期维护、定期更新，需要必要的人力、财力、物力的支持，对档案工作人员的素质也有着较高的要求。就目前的情况来看，一些档案部门的网络服务还流于形式，有些跟着政府上网的大潮建立起自己的网站，但却不知道如何发挥作用，其网站除了一个并不漂亮的主页外别无他物。还有的内容几年如一日，除了一些档案部门的基本信息，如电话、地址、机构设置外，没有真正可利用的内容。如何最大限度地利用网络资源，更新档案提供利用的形式，对档案部门提出了新的挑战。

档案网络服务不仅是现代社会的档案需要，而且也是贯彻党提出的建设政治文明的重要举措。要保证档案网络服务的顺利进行，各级档案部门应从思想上高度重视，把它作为档案提供利用的重要措施和社会民主化进程的重要举措，在技术、人才等方面加大投入，尽快完善网络服务的技术环境，适应时代发展的要求。

第三章　水利工程档案管理

水利工程档案工作是水利基本建设项目管理工作的重要组成部分，也是衡量水利工程质量和管理水平的一个重要标志。随着工程建设逐步走上法治化、规范化管理轨道，工程档案管理工作也越来越被各级领导和各部门所重视。档案是人类活动的真实记录，是人们认识和把握客观规律的重要依据。借助档案，人们能够更好地了解过去、把握现在、预见未来。档案事业是党和国家事业发展的一个不可缺少的方面，是一项崇高的事业。工程档案工作面临着新的繁重任务和光荣的使命。

第一节　水利工程档案的定义和特点

一、水利工程档案的定义

为了揭示水利工程档案概念的内涵，加强水利工程建设项目档案管理，明确档案管理职责，规范档案管理行为，充分发挥档案在水利工程建设与管理中的作用，国家水利部对水利工程档案定义做了如下表述：水利工程档案是指水利工程在前期、实施、竣工验收等建设阶段过程中形成的，具有保存价值的文字、图表、声像等不同形式的历史记录。

二、水利工程档案概念的内涵

水利工程档案定义从以下几方面揭示了水利工程档案的本质属性，明确了它同其他档案以及科技资料、科技情报的本质区别。

（一）水利工程档案同一般政务档案和其他档案在性质上的区别

档案是人们社会实践活动的历史记录，这是所有档案的共同属性。但是，人们的社会实践活动是多种多样的。因此，在此实践活动中形成的档案门类很多，如政务档案、会计档案、诉讼档案、地名档案等。水利工程档案和所有这些档案的根本区别，在于它是产生于水利工程建设活动当中，它论述和反映自然界各种物质和运动现象的规律，记述和反映人们认识自然、改造自然的各种活动，这就是水利科技档案的本质属性，同时也是构成水利工程档案的基本要素，又是工程档案区别于其他一切档案的基本标准。

（二）水利工程档案同科技资料和情报在性质上的区别

定义规定，水利工程档案是在工程建设活动中直接形成的，它直接记录自然现象或具体项目的运动过程和实体，是人们认识自然和改造自然活动的原始记录。工程档案是第一手材料，而不是事后另行编写和搜集的，它具有依据、凭证作用，科技资料和情报则不同，它们是为了科技、生产、建设活动参考的需要而交流、购买来的间接材料，不具有依据和凭证作用。

（三）水利工程档案同一般文件材料的区别

首先，水利工程档案是具有保存价值的文件材料，并非所有在工程建设活动中形成的文件材料都具有保存价值，没有保存价值的工程文件不需要归档，也就不会转化为工程档案。因此，有没有保存价值是归档的前提。

其次，工程档案是随着建设活动的进展，经技术、专业人员筛选、鉴定和系统整理，由项目负责人或部门负责人审查认可，并履行有关手续后的文件材料。履行有关手续有两个阶段。第一阶段是项目负责人或部门负责人对形成的案卷进行审查认可，并在备考表或有关表格签名。从广义角度来讲，此时的案卷已转化为档案，并不因存放地点变化和是否办理归档手续而影响其特性。如在重点工程建设中，施工单位在向建设单位移交单项工程竣工档案前，虽然没有办理归档手续，但实质上已具备了档案的基本属性。经项目负责人审查认可后的案卷，可以认为此时已由工程文件材料转化为工程档案，并受《档案法》有关条款的约束。第二阶段是业务部门向档案部门办理归档手续，从狭义角度讲，此时的案卷已进入档案业务管理的范畴，并按照整理、鉴定、保管、利用、统计等工作环节的具体要求进行管理。

最后，作为工程档案保存起来的工程文件材料，已经同一般意义上的工程文件材料有了性质上的不同。从它们的作用来讲，工程文件材料产生于工程建设活动，它是现实工程建设和管理所必备的一种工具，而工程档案是把已有的成果提供出来为工程建设和管理服务，起依据凭证或参考作用，这是由于工程建设活动的延续性和继承性所决定的。从它们存在的形式方面讲，工程档案是经过系统整理的工程文件材料，它组成了一定的保管单位，并由专人进行管理。而工程文件则是按形成时的原始状态，分散在单位各部门或各项活动中。由此可见，两者是一个事物的两个不同阶段，工程文件材料在一定条件下转化为工程档案，工程档案总的来讲可以说是工程文件材料的归宿。

三、水利工程档案的特点

（一）专业技术性

工程档案是在工程建设活动中产生形成的，是按工程专业分工进行的。不同专业有着不同的技术内容和方法，在水利工程专业技术领域形成的工程档案就集中地反映和记录了水利工程专业技术领域的科技内容及相关的技术方法和手段。水利工程档案所具有的专业性特点，既与一般档案不同，也与其他不同专业技术领域形成的科技档案彼此之间相互区别开。

（二）成套性

水利工程建设活动，通常是以一个独立的项目为对象而进行的。一个工程项目的设计和施工，必然形成若干相关的工程技术文件材料。这些文件材料全面记录了该工程项目活动的过程和成果，它们之间以不同的建设阶段相区别，又以总体的建设程序和建设内容相联系，构成了一个反映和记录该项工程建设活动的材料整体。因此，水利工程档案资料也是成套的。

（三）现实性

水利工程档案专业性、技术性和实用性较强，其他文件归档以后，基本上完成了现行功能，多是用来进行历史查考，水利工程档案则不同，不仅没有退出现行使用过程，而且归档的大多数工程技术档案将在较长的时期内发挥现行效用。如在工程设计、施工单位，归档保存的计算数据和工程底图、蓝图是进行设计、现场施工和套用的依据，使工程档案同工程建设活动紧密联系，不可分离。

（四）多样性和数量大

工程档案多样性是说种类繁多，类型极为复杂，记录方式多种多样，在物质形态里呈现出多样化的鲜明特点。数量大是说工程档案与其他档案相比较形成数量多、增长速度快、库藏量大，按照有关要求，工程档案资料一般要多套分库保存。

第二节 水利工程档案管理工作的意义和内容

一、建立水利工程档案的意义和必要性

水利工程档案是历史的记录，是水利科技档案的重要组成部分。它来源于工程建设全过程，不仅在建设过程中的质量评定、事故原因分析、索赔与反索赔、阶段与竣工验收及其他日常管理工作中具有重要作用，而且在工程建成后的运行、管理工作中，也是不可缺少的依据和条件。这就是说，水利工程档案准确、系统、全面、完整地反映和记录了水利工程项目建设的全过程，是水利工程建设巨大的宝贵财富和信息资源。要对历史负责，如果忽视档案管理或者没有建立工程档案工作，造成档案资料的残缺或者不准确，其结果必然会影响工程的建设、管理和验收工作，也给工程档案资料的收集、整理和利用造成不可弥补的损失。因此建立和加强水利工程档案管理工作，是项目建设管理工作的需要，也是国家和水利部的共同要求。它为领导决策和工程日后管理及提高社会经济效益、解决纠纷、保护部门利益等都具有重大意义。国家档案部门和水利部明确规定，工程档案达不到要求的建设项目不能进行竣工验收。为实现优质工程、优质档案的管理目标，就必须建立完整、准确、系统、翔实可靠的档案材料，只有这样，我们才能对历史负责，更好地完成历史与现实赋予我们的重任。

二、建立水利档案工作的步骤

如何建立水利工程档案，按照水利部要求一般要经历以下几个步骤：

首先，水利工程建设项目的领导要对工程档案工作给予高度的重视，落实领导责任制，明确分管档案工作的领导和专兼职档案工作人员，成立档案工作领导小组，建立集中统一的档案管理网络系统，统一组织协调工程建设的档案工作。

其次，根据国家有关档案管理工作的规章制度规定，需要建立健全本单位的工程档案管理工作制度。那么，这些制度的内容应该包括以下几点：

第一，工程档案工作的性质、任务及其管理体制。

第二，工程档案的作用及其与工程建设项目之间的关系。

第三，工程档案资料的形成与整理的主体（由谁负责）。

第四，工程档案包含的具体内容及各类档案材料的分类方案与保管期限表。

第五，工程档案资料的整理标准及归档时间与份数。此外，各单位在建立档案管理制度的同时，还应建立档案的保管、保护与安全及有效利用的制度。

再次，将工程档案工作纳入相关的管理工作程序和有关人员的职责范围，明确和建立各建管单位，设计、招标代理、监理、施工、设备生产、检测等参建单位应履行的档

案责任制。

最后，档案部门和档案人员要认真履行职责，加强对工程文件材料的形成、积累、整理工作及项目档案的动态监督、检查指导。

三、水利工程档案工作的内容及基本原则

（一）水利工程档案工作的内容

水利工程档案工作包括宏观管理和微观管理两个方面的内容：

1. 水利工程档案工作的宏观管理

水利工程档案工作的宏观管理，是指对整个水利工程档案工作实行统一管理，组织协调，统一制度，监督、指导和检查。它的内容主要包括：各级水利工程建设单位档案机构的设置和职责范围以及档案队伍建设工作，水利工程档案业务指导工作，水利工程档案工作的规章制度、工程档案工作的标准化和工程档案工作的现代化等内容。

2. 水利工程档案工作的微观管理

水利工程档案工作的微观管理，是指制定与实施各项具体业务建设的原则和方法以及组织、协调工程各参建单位档案管理工作。

水利工程档案的各项业务建设，是指按照科学的原则和方法对水利工程建设中形成的文件材料进行专门的管理，其具体内容有：

（1）档案的收集工作

即把分散形成的，具有保存和查考利用价值的工程档案收集起来，实行集中保存和管理。

（2）档案的整理工作

即把集中管理起来的工程档案分门别类、系统排列和科学编目，以便于安全保管，目的是最大限度地满足利用。

（3）档案的鉴定工作

即鉴别工程档案的利用和保存价值，确定档案的保管期限，并对已到保管期限的档案重新进行鉴定以确定继续保存或剔除销毁。

（4）档案的保管工作

即采取一定的措施，保护工程档案的完整和安全，保守国家机密，防止并克服各种自然的和人为的不利因素对工程档案所起的损坏作用，并利用各种现代科学技术手段和现代化设施最大限度延长工程档案的保管寿命。

（5）档案的统计工作

就是通过工程档案数量的积累和数量分析，了解并掌握档案数量变化和质量的情况、

业务管理工作上的有关情况及其规律性。

（6）档案的检索工作

即运用一系列专门方法将档案的信息内容进行加工处理，编制各种各样的检索工具（目录），并运用这些检索工具为利用者查找到所需档案。其意义与价值是为开展利用档案信息架设桥梁，锻造并提供打开档案信息宝库的钥匙。

（7）档案的编研工作

编研是一项研究性的工作。其基本任务是对档案内容进行编辑、研究、出版等，将档案信息主动开发提供给社会和水利工程建设者利用。其意义与价值在于拓展档案信息发挥作用的空间范围和时间跨度，充分有效地发掘并实现档案信息的潜在价值，扩大档案工作的社会影响，促进社会对档案工作的认识和了解，增强社会各界的档案意识。

（8）档案的利用工作

即创造各种条件，积极、主动开发档案信息资源，最大限度地满足社会和水利建设事业对档案的利用需求和提供服务。其意义与价值：一是直接实现档案价值，使档案发挥其应有作用；二是沟通档案工作与社会和工程建设的联系，检验评价档案管理工作的总体状况、水平和工作成效。

（二）水利工程档案工作的基本原则

《档案法》规定："档案工作实行统一领导、分级管理的原则，维护档案完整与安全，便于社会各方面的利用。"这是用国家法律的形式确定了我国档案工作的基本原则。科技档案应当按照集中统一管理的基本原则，建立、健全科技档案工作，达到科技档案完整、准确、系统、安全和有效利用的要求。毫无疑问，水利工程档案工作应当贯彻执行这一基本原则。

1. 水利工程档案要实行集中统一管理

水利工程档案实行集中统一管理，表现在以下三个方面：

第一，按照《档案法》的有关规定，国家机关、企事业单位形成的档案，必须按照规定定期向本单位档案机构或者档案工作人员移交，集中统一管理，任何个人和集团不能据为己有。水利工程档案要为水利建设事业服务，为水利各项工作的需要服务。

第二，按照《科学技术案管理条例》中专业分级管理的要求，水利工程档案按工程项目实行集中统一管理。各级水行政主管部门和水利工程建设项目法人按照国家有关档案工作的统一规定和要求，结合水利工程建设项目的情况和特点，制定本工程系统档案工作的规划、制度和办法，对本系统本工程的档案工作进行指导和监督，保证国家有关档案工作的方针政策在本系统本工程得到贯彻执行。

第三，水利工程档案工作要有统一的管理制度。水利工程档案工作制度是整个水利工程建设和管理制度的一项内容和有机组成部分。

2. 水利工程档案要达到完整、准确、系统和安全

水利工程档案的完整，就是要求工程档案资料要齐全成套，不能缺项。如工程建设不同阶段的档案资料要齐全，每个阶段产生的各类档案资料（包括纸质档案、电子档案、声像档案等各种载体材料的档案资料）也要齐全。

水利工程档案是整个工程建设活动的历史记录，它客观反映和记录了工程建设的全过程和全部情况，这是工程档案最基本的功能和特征，因此，水利工程档案必须完整。

齐全完整、真实客观的工程档案材料既彼此区别又互相联系，形成了一个具有严密有机联系的整体，只有通过这个工程档案整体，才能反映该项工程的全部情况和历史过程，才能为工程管理提供真实客观的依据和利用。因此，水利工程档案管理工作的重要任务之一，就是要维护这个整体的完整，维护工程档案的齐全成套。

水利工程档案要达到准确。水利工程档案要达到准确，就是要保证工程档案所反映的内容要准确，其中包括文字、数字、图表、图形都要准确，特别是竣工图要能准确反映工程建设的实际状况，确保工程档案的质量和真实性。

准确性是对所有科技档案的一个普遍性的要求，但是对工程档案、设备档案、产品档案准确性的要求尤为突出，这是因为这几种档案容易出现失真、失准问题。工程建设项目档案不准确的原因主要有：一是工程中的变化情况，没有在竣工图中得到反映，或没有编制竣工图；二是工程中一些表格反映的数字有的失真失准；三是工程在管理、使用、维护、改建、扩建过程中的变化情况，没有反映到工程建设档案中。

水利工程档案必须系统、安全。水利工程档案的系统，就是要求所有应归档的文件材料，应保持其相互之间的有机联系，不能割裂分离、杂乱无章，相关的文件材料要尽量放在一起，特别要注意工程项目文件材料的成套性。

维护水利工程档案的安全，就是要注意保护工程档案机密又要防止档案材料的丢失。必须具备符合档案保管要求和条件的档案库房，不断改善和加强保护措施，注意延长工程档案的寿命，防止工程档案遭到损坏、散失，防止档案泄密和丢失。

3. 水利工程档案的有效利用

实现水利工程档案的有效利用，是指要大力开发水利工程档案信息资源，充分发挥工程档案的作用，满足利用者对档案的需要，及时、准确地提供工程档案为社会和水利建设服务，这是水利工程档案工作的出发点和根本目的。档案工作做得是否有成效，主要是用档案工作的社会效益和经济效益来衡量。同时，便于社会和水利建设对工程档案的利用，也是保证工程档案工作得以发展的重要条件。

水利工程档案工作基本原则的三个组成部分，是相互联系又辩证统一的有机整体。水利工程档案实行集中统一管理，才能够达到完整、准确、系统和安全的要求，其最终目的又是为了有效利用。反过来，有效利用，有助于促进工程建设者做好工程文件材料的形成、积累、整理和归档工作，更好地实现工程档案的集中统一。所以，应该全面地理解和贯彻执行工程档案工作的三项基本原则。

第三节 水利工程档案管理工作的基本要求

根据《档案法》和水利部《水利工程建设项目档案管理规定》及有关业务建设规范，结合水利工程特点，水利工程档案管理工作应包括以下几个方面的基本要求。

一、各级建设管理部门和参建单位档案管理工作职责

各级建设管理部门和参建单位应加强领导，将档案工作纳入水利工程建设与管理中，建立健全档案管理机构，明确落实相关部门和档案专（兼）职人员的岗位职责，确保水利工程档案工作的正常开展。

（一）项目法人档案管理主要职责

按照《水利工程建设项目档案管理规定》，项目法人对水利工程档案工作负总责，须认真做好自身产生档案的收集、整理、保管工作，并加强对各参建单位归档工作的监督、检查和指导。其档案管理主要职责为：

首先，贯彻执行有关法律、法规和国家有关方针政策，建立健全工程档案管理办法和档案工作规章制度并组织实施，推行档案管理工作的标准化、规范化、现代化。

其次，负责组织、协调、督促、指导和检查各参建单位和各级建管单位档案工作及本单位各部门档案的收集、整理、归档工作，加强归档前文件材料的管理。档案管理人员会同工程技术人员对文件材料的归档情况进行定期检查，实行动态跟踪管理，审核验收归档案卷。

最后，集中统一管理项目法人本单位各部门和直接建设管理工程全部档案资料。实行文档一体化管理。编制档案分类方案、归档范围和保管期限表及检索工具，做好档案的接收、移交、保管、统计、鉴定、利用等工作，为工程建设管理服务。

（二）各级建管单位档案管理主要职责

第一，对项目法人负责。集中统一管理本建管单位负责建设管理工程的全部档案资料。

第二，负责督促、指导、检查所属工程建设管理项目档案的收集、整理、归档工作。

第三，按有关规定向项目法人上报本单位立卷归档的档案案卷目录、卷内目录、纸质档案和相应光盘。

（三）各参建单位档案管理主要职责

各参建单位应采取有效措施，确保所建项目整个过程各种载体、全部档案资料的动

态跟踪管理。工程建设的专业技术人员和管理人员是归档工作的直接责任人，须按要求将工作中形成的应归档文件材料，进行收集、整理、归档。工程项目经理应为项目档案管理第一责任人，并在提出工程预付款申请及分部、单位工程验收申请时，同时上报已有档案案卷目录、卷内目录及档案资料和相应光盘。

第一，勘测设计单位应根据有关要求分项目按设计阶段，对应归档的勘测设计材料原件进行收集、整理和立卷，按规定移交项目法人。

第二，施工及设备制造承包单位负责所承担工程文件材料的收集、整理、立卷和归档工作。应加强归档前档案资料的管理工作，严格登记，妥善保管，会同工程技术人员定期检查文件材料的整理情况，及时送交相应监理单位签署审核与鉴定意见。

第三，监理单位档案管理职责为：监理单位负责对工程建设中形成的监理文件材料进行收集、整理、立卷和归档工作；督促、检查施工承包单位档案资料的整理工作，对施工档案资料及时签署审核与鉴定意见。总包单位对各分包单位提交的归档资料应履行审核、签署手续，并由监理单位向项目法人提交审核工程档案内容与整理质量情况的专题报告。

第四，项目法人委托的代理机构应对在本业务中产生的全部文件材料负责，按项目法人档案管理办法对应归档的文件材料进行收集、整理立卷，按规定移交项目法人。

二、水利建设项目工程档案管理基本要求

项目工程档案管理工作是一个系统工程。它在工程的发展中环环相扣，段段相连，步步延伸，逐渐形成。在每一个环节所形成的档案材料的质量，反映了工程管理水平和质量，最终决定了整个工程档案质量。因此，档案工作要从源头抓起，采取有效措施和制度，抓好档案形成和过程管理，才能创精品工程，出精品档案。以下是按照国家和水利部有关规定和要求应执行落实的几项管理制度。

（一）项目工程档案"三参加"管理制度

"三参加"管理制度是国家和水利部为加强科技档案工作早就明确规定的。各工程必须施行、落实档案人员的"三参加"制度。"三参加"的主要内容为：一是档案人员参加工程项目的有关专业（布置工作）会议制度，让档案人员及时了解工程的进展情况、汇报档案工作的完成情况以及遇到的困难和问题，以使领导给予重视和支持。二是参加设备开箱工作。目的是对设备出厂文件及时进行登记、收集，监控设备出厂技术文件、图纸，确保设备出厂文件材料能够齐全、完整地归档，防止散失。三是参加项目的评审、鉴定、验收活动。重点是工程档案的预验收，在工程竣工验收时，档案人员配合工程技术人员，对施工单位在施工、安装等过程中形成的记录、实验报告、质量评定等内容是

否真实、准确，有无施工单位、监理单位、建设单位的审核、签字，竣工图是否与实物相符，工程负责人、技术负责人、编制人的签字是否完备，编制时间是否准确，有无监理部门的审核等都要作为重点进行检查。对检查出来的问题，提出具体整改意见和时间要求，确保竣工档案能够按时、完整、准确移交。

（二）项目工程档案"四同步"管理制度

"四同步"管理制度即"工程档案工作与工程建设进程的四个同步管理"。它是指在工程建设过程中，工程的各有关部门在抓工程建设的同时，要注意抓好工程档案的管理工作。应将工程档案工作贯穿于水利工程建设程序的各个阶段，实现工程项目档案工作与工程建设的同步进行、同步完成。其具体内容是：从项目立项即水利工程建设前期就应进行文件材料的收集和整理工作；在签订有关合同、协议时，应对水利工程档案的收集、整理、移交提出明确要求；检查水利工程进度与施工质量时，要同时检查水利工程档案的收集、整理情况；在进行项目成果评审、鉴定和水利工程重要阶段验收与竣工验收时，要同时审查、验收工程档案的内容与质量，并做出相应的鉴定评语。

为什么要进行"工程档案工作与工程建设进程的同步管理"？这是因为，在工程建设过程中的不同时期或阶段，都会产生大量的原始材料（如合同、协议、施工设计、施工记录、质检材料等），及时地将这些应归档的原始材料收集整理起来在当时还比较容易。随着工程建设进程的不断深入，文件材料就会越积越多，如果在工程建设的不同阶段，不能及时完成应归档材料的收集整理工作，对工程档案的完整、准确和系统必将产生十分不利的影响。如果到竣工阶段再进行文件材料的收集整理工作，一定会出现意想不到的困难。到这时由于时间过长、管理体制变化，或者工程技术人员的工作变动等原因，必然会造成有关工程档案资料之间的关系不清（不同阶段的文件材料可能混杂在一起）、应归档的材料不全（散存在个人手中或者已经丢失）、竣工图编制不准确（未对施工变更部分及时进行修改）等问题。其中有的问题，在当时是比较容易弥补和避免的。残缺不全或不成系统的工程档案资料不仅给整理工作带来困难，而且对日后工程档案资料的利用都会留下十分严重的隐患。所以参与工程建设的各方都要对此予以足够的重视，将工程项目档案与工程建设的同步管理、同步完成落到实处。

实行"三参加""四同步"管理制度的根本目的，就是要加强档案的收集工作，从源头上控制档案管理与工程建设同步进行，把住各个关键环节，确保工程档案能够完整、准确、系统地收集到档案部门，以便日后为工程各项工作提供更好的服务。

（三）水利工程档案评比及验收考核制度

建立和实行工程档案评比及验收考核制度，是衡量和确保全部工程档案质量与效果的重要措施和手段。根据水利部《水利工程建设项目档案管理办法》规定，优良工程的档案质量等级必须达到优良，档案资料质量（特别是竣工图）达不到规定要求的，应限期整改；仍不合格的，不得进行工程验收和进行质量等级评定，项目法人不得返还工程质量保证金。

（四）水利工程档案管理工作程序

强化项目工程档案的过程管理是搞好工程档案工作的关键环节。为减少和克服档案工作的随意性，建立规范有序的严格的工作程序，只有将档案管理纳入工程的合同管理与质量管理，才能有效地保证工程档案工作与工程建设同步进行。水利工程建设项目法人单位可视具体情况，结合工程参照执行以下档案管理工作程序：

1. 建立健全档案管理工作机构和工作网络

项目法人单位成立档案工作领导小组及办公室，确定档案管理工作负责人及档案管理人员，制定涉及项目法人内部文秘、档案管理等管理办法、制度，明确参建单位档案管理工作职责。建立健全档案管理工作网络，如图 4-1 所示：

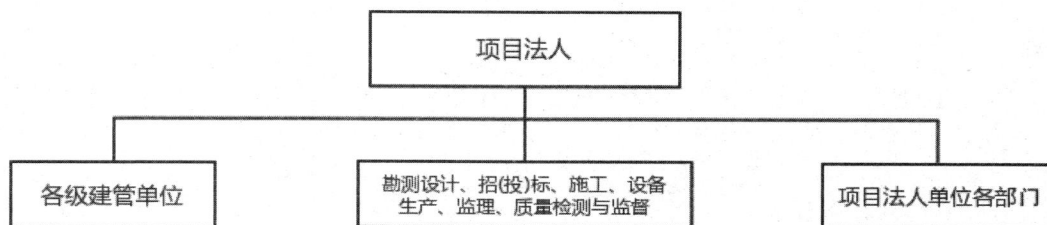

图 4-1　档案管理工作网络图

2. 档案管理工作程序

第一，工程参建单位到招标（代理）单位领取中标通知书，同时递交符合归档要求的投标文件的电子版。

第二，签订工程合同时，工程参建单位须出示中标通知书并领取《水利工程建设管理办法》（光盘），填报"档案管理一览表"。

第三，工程参建单位申请支付预付款时提交本单位工程项目档案工作计划。

第四，参建单位申请支付工程进度款的同时，提交相应工程阶段拟归档的纸质、照片、录像（音）档案及电子版或档案资料案卷目录、卷内目录或档案资料电子版。

第五，工程检查时将工程档案列入必检内容同时进行检查。

第六，工程验收前首先对工程档案进行验收。

第四节 水利工程档案划分及归档内容与整编要求

一、水利工程档案案卷划分及归档内容

同一工程项目建设管理，各参建单位因其工作职责不同，归档内容各异，现分述如下。

（一）勘测设计单位案卷划分及归档内容

勘测设计单位案卷划分及归档内容见表 4-1：

表 4-1 勘测设计单位案卷划分及归档内容

卷次	案卷题名	归档内容	备注
第一卷	设计管理及设计文件	1.设计委托书、合同、协议； 2.设计计划、大纲； 3.总体规划设计； 4.初步设计批复、初步设计及附图； 5.施工图设计批复、施工图设计文件及附图、有关附件和设计变更； 6.设计评价、鉴定及审批； 7.关键技术实验	以单位工程或建筑物为单位组卷
第二卷	设计依据及基础材料（提交案卷目录、卷内目录及光盘）	1.设计所采用的国家和部委颁布的标准、规范、规定、规程等（提交目录）； 2.工程地质资料、水文地质资料、地质图； 3.勘察设计、勘察报告、勘察记录、化验报告、试验报告； 4.重要岩土样及有关说明； 5.地形、地貌、控制点、建筑物、构筑物及重要设备安装测量定位、观测记录； 6.水文、气象、地震等其他设计基础材料	以单位工程或建筑物为单位组卷
第三卷	照片、录音、录像及电子文件资料	1.设计审查会议文件及多媒体光盘； 2.设计管理文件、设计文件及附图电子版光盘； 3.照片及数码底片光盘； 4.勘测设计过程及重大活动的原始录像带及编辑后的录像光盘	以单位工程或建筑物为单位组卷
第四卷	其他		

（二）施工单位案卷划分与归档内容

施工单位案卷划分与归档内容见表 4-2：

表 4-2　施工单位案卷划分与归档内容

卷次	案卷题名	归档内容	备注
第一卷	施工管理资料	1.中标通知书； 2.施工合同、协议及补充合同、协议； 3.工程开（竣）工报告：开（竣）工报告及批复、报审单、质量保证体系报审单、进场设备报验单、建筑材料报验单、施工放样报验单； 4.工程设计交底：工程技术要求、工程设计交底、图纸会审纪要； 5.工程施工进度计划报审单与调整施工进度计划报审单； 6.工程量计量认证资料：工程量计量申报书； 7.停工复工资料：工程暂停通知、复工申请、复工通知； 8.工程联系函：主送业主抄送监理函件、主送监理抄送业主函件； 9.工程款拨付及工程结算资料； 10.档案管理文件、组织机构框图、计划及考核细则	单位工程组卷
第二卷	施工组织设计与技术方案	1.工程施工组织设计：（单位）工程施工组织设计报审单、（单位）工程施工组织设计； 2.工程施工技术方案：（分部）工程施工技术方案报审单、（分部）工程施工技术方案； 3.单项工程施工技术方案	单位工程组卷
第三卷	工程材料质量保证资料	1.钢筋、水泥、沙石料等原材料、成品、半成品出厂合格证及检验或复试报告； 2.原材料、成品、半成品施工现场复检质量鉴定报告或抽样检测试验资料； 3.建筑材料试验报告； 4.材料、零部件、设备代用审批单	单位工程组卷
第四卷	仪器设备质量保证及安装调试资料	1.仪器设备出厂合格证、使用说明书、质量保修书； 2.仪器设备开箱检查记录； 3.仪器设备交货验收记录； 4.仪器设备安装记录； 5.仪器设备检测报告； 6.仪器设备调试记录； 7.仪器设备试运转记录； 8.检查建筑物防水层等； 9.其他	单位工程组卷
第五卷	施工试验资料	1.碾压试验报告； 2.土石方含水量、干密度试验报告； 3.水泥砂浆、混凝土配合比及抗冻抗渗试验通知单； 4.水泥砂浆、混凝土抗压强度、抗冻、抗渗试验报告单； 5.桩基静载、动力检测试验报告； 6.高喷板墙围井注水试验报告； 7.管道焊接试验、检查探伤报告； 8.管道密封、压力试验报告； 9.防水工程蓄水、注水试验记录； 10.玻璃幕墙淋水试验记录； 11.其他	单位工程组卷

第六卷	施工测量、基础工程记录资料	1.施工放线测量记录、施工控制测量记录、竣工测量记录; 2.地基允许承载力复查报告、岩土试验报告、基础处理、基础工程施工图、地质描绘图及有关说明; 3.水工建筑物测试及沉陷、位移、变形等观测记录	单位工程组卷
第七卷	施工记录资料	1.施工记录; 2.交工验收记录(包括单项工程的中间验收); 3.事故处理报告及重大缺陷处理和处理后的检查记录; 4.其他	单位工程组卷
第八卷	工程质量检测资料	1.工程质量自检资料; 2.工程质量检测报告(检测单位)	单位工程组卷
第九卷	工程质量评定资料	1.单位工程质量检验评定表、单位工程质量评定表、单位工程外观质量评定表、单位工程质量保证资料核查表; 2.分部工程质量评定资料; 3.单元工程质量评定资料; 4.工程检验认可资料:工程报验单、工程检验认可书	单位工程组卷
第十卷	工程验收资料	1.单位工程验收资料:单位工程验收申请报告、单位工程验收鉴定书; 2.分部工程验收签证; 3.隐蔽工程验收记录	单位工程组卷
第十一卷	施工工作报告	1.工程施工管理工作报告(施工小结); 2.工程施工日记、大事记	单位工程或标段组卷
第十二卷	竣工图	1.竣工图编制说明; 2.竣工图(含变更设计通知单); 3.竣工数量表	单位工程组卷
第十三卷	设计变更	设计变更、工程更改洽商单、通知单	单位工程组卷或与竣工图组卷
第十四卷	竣工会议文件	1.验收请示与批复; 2.会议日程; 3.工程竣工验收报告; 4.设计、施工管理、监理、质量评定、质量监督、建设管理、征地补偿及移民安置、档案资料自检、重大技术问题、运行管理准备工作报告等; 5.竣工结算; 6.竣工验收鉴定书	单位工程组卷
第十五卷	照片、录音、录像及电子文件资料	1.照片及数码底片光盘; 2.编辑后的施工录像资料光盘; 3.原声录像带; 4.全部纸质文件及竣工图光盘	
第十六卷	其他		

(三)设备生产单位案卷划分与归档内容

设备生产单位案卷划分与归档内容,见表4-3:

表 4-3 设备生产单位案卷划分与归档内容

卷次	案卷题名	归档内容	备注
第一卷	仪器设备依据性文件	1.依据合同设备设计文件及图纸资料； 2.制造、检验、安装的依据性文件	单位工程组卷
第二卷	设备质量保证文件	合同设备、部件（包括分包与外购），在生产过程中（试）验和总装（装配），范围包括原材料和元器件的进厂、部件的加工、组装试验及出厂试验，经监造工程师确认并签字的记录文件。内容包括： （1）主要零件及结构件的材质证明文件、化验与试验报告； （2）主要部件的装配检查记录； （3）设计修改通知单和主要零件及主要结构件的材料代用通知单； （4）产品的预装检查报告； （5）产品出厂试验报告； （6）制造后的竣工图、易损件图、部件装配图及产品维护使用说明书； （7）外构件的合格证； （8）产品出厂试验报告； （9）产品质量检测报告； （10）产品合格证； （11）监理人和技术条款中要求提交的其他材料	单位工程组卷
第三卷	验收交接及安装调试资料	1.依据合同，现场交验设备的名称、型号规格和数量清单及交接验收工作各方（监理、发包人、承包人、安装单位）交接凭证（签字文书）； 2.安装调试记录	单位工程组卷
第四卷	试验资料	试验大纲、计划、报告等	单位工程组卷
第五卷	设备随机文件	1.合同设备（含进口设备）、操作手册、维修指南或服务手册等培训的有关资料； 2.设备出厂合格证、质量保修书	单位工程组卷
第六卷	设备生产管理文件	1.为履行合同各方的往来文书； 2.设备生产大事记	单位工程组卷
第七卷	设备运行（试）与维护	设备安装运行（试）说明书、记录及测定数据、性能鉴定，验收记录	单位工程组卷
第八卷	声像资料	1.生产过程及关键部件质量检测的录像及照片； 2.监造工程师到制造现场和合同规定的其他地方进行察看和查阅加工制造和采购记录及照片	
第九卷	其他	档案管理文件、组织框图、计划及考核细则	

（四）监理单位案卷划分与归档内容

监理单位案卷划分与归档内容，见表 4-4：

表 4-4　监理单位案卷划分与归档内容

卷目	案卷题名	归档内容	备注
第一卷	监理合同与工程项目划分	1.监理合同、协议及补充合同、协议； 2.单位工程项目划分的批复	按监理标段汇总
第二卷	监理规划与细则	1.监理大纲； 2.监理规划； 3.监理实施细则（质量控制细则、进度控制细则、投资控制细则、合同管理、档案信息管理、组织协调实施细则等）	按监理标段汇总
第三卷	监理指令与来往信函	工程开工令、监理工程师通知、监理工程师联系函、工程暂停通知、工程复工通知、工程移交证书、工程档案移交证书、工程保修责任终止证书等	按监理标段汇总
第四卷	监理抽检资料	监理抽检资料说明、监理抽检、旁站资料	按单位工程汇总
第五卷	监理工作报告、会议纪要、月报	1.监理工作报告或工作总结； 2.监理会议纪要； 3.监理月报； 4.监理大事记； 5.旁站监理日记	按单位工程或监理标段汇总
第六卷	照片、录像	旁站监理、抽检、重大活动、工程验收的照片及录像	
说明		移民与专项设施迁移。由移民监理单位负责收集整理与移交反映专项设施迁移与补偿的文字、照片、录像（音）等各种载体的档案资料。内容包括：专项设施迁移前后及迁移过程的照片、录像，专项设施迁移与补偿总结、批复的专项设施迁移与补偿方案和预算、各市建管机构上报专项设施迁移与补偿方案请示及迁移与补偿的协议，历次计量支付资料；移民与专项设施迁移的监理日记、大事记等。 说明：监理工作所形成的文件材料均执行《水利工程建设项目施工监理规范》（SL 288—2003）	按监理合同或单位工程组卷
		监理包括：施工监理、设备制造监理、移民监理、专项设施迁移监理等	

二、水利工程档案资料组卷及整编要求

（一）工作目标

实现水利工程档案案卷质量的标准化、规范化、数字化。

（二）组卷及整编要求

1. 组织案卷

（1）组卷原则

案卷是由互有联系的若干文件组合而成的档案保管单位。组成案卷要遵循文件的形成规律，保持案卷内文件材料的有机联系，相关的文件材料应尽量放在一起，便于档案的保管和利用。做到组卷规范、合理，符合国家或行业标准要求。

（2）组卷要求

案卷内文件材料必须准确反映工程建设与管理活动的真实内容；案卷内文件材料应是原件，要齐全、完整并有完备的签字（章）手续；案卷内文件材料的载体和书写材料应符合耐久性要求。不应用热敏纸及铅笔、圆珠笔、红墨水、纯蓝墨水、复写纸等书写（包括拟写、修改、补充、注释或签名）；归档目录与归档文件关系清晰，各级类目设置清楚，能反映工程特征和工程实况。

（3）组卷方法

根据水利工程文件材料归档范围，划分文件材料的类别，按文件种类组卷。并应注意单位工程的成套性、分部工程的独立性，应在分部工程的基础上，做好单位工程的立卷归档工作。同一类型的文件材料以分部或单位工程组卷，如工程质量评定资料以分部工程组卷，竣工图以单位工程或不同专业组卷；管理性文件材料以标段或项目组卷。

2. 案卷和案卷内科技文件材料的排列

卷内文件要排列有序。工程文件材料及各类专门档案材料的卷内排列次序，可先按不同阶段分别组成案卷，再按时间顺序排列案卷。

（1）基建类

基建类案卷按项目依据性材料、基础性材料、工程设计（含初步设计、技术设计、施工图设计）、工程施工、工程监理、工程竣工验收、调度运行等排列。

（2）科研类

科研类案卷按课题准备立项、研究实验、总结鉴定、成果申报奖励和推广应用等阶段排列。

（3）设备类

设备类案卷按设备依据性材料、外购设备开箱验收（自制设备的设计、制造、验收）、设备生产、设备安装调试、随机文件材料、设备运行、设备维护等排列。

（4）案卷内管理性文件材料

案卷内管理性文件材料按问题、时间或重要程度排列。并以件为单位装订、编号及编目，一般正文与附件为一件，正文在前，附件在后；正本与定稿为一件，正本在前，定稿在后，依据性材料（如请示、领导批示及相关的文件材料）放在定稿之后；批复与请示为一件，批复在前，请示在后；转发文与被转发文为一件，转发文在前，被转发文在后；来文与复文为一件，复文在前，来文在后；原件与复制件为一件，原件在前，复制件在后；会议文件按分类以时间顺序排序。

3. 案卷的编制

（1）案卷封面及脊背的编制

案卷封面与脊背的案卷题名、档号、保管期限应一致。案卷题名应简明、准确地揭示卷内科技文件材料的内容。

立卷（编制）单位：填写负责文件材料组卷的部门。

起止日期：填写案卷内科技文件材料形成的起止日期。

档号：档案的编号填写档案的分类号、项目号和案卷顺序号。

档案馆号：填写国家档案行政管理部门赋予的档案馆代码。

案卷封面和脊背的尺寸及字体要求见附件，由项目法人统一制作。

（2）卷内科技文件材料页号的编写

案卷内文件材料均以有书写内容的页面编写页号，逐页用打码机编号，不得遗漏或重号；单面书写的文件材料在其右下角编写页号；双面书写的文件材料，正面在其右下角，背面在其左下角编写页号；印刷成册的文件材料，自成一卷的，原目录可代替卷内目录，不必重新编写页号；与其他文件材料组成一卷的，应排在卷内文件材料最后，将其作为一份文件填写卷内目录，不必重新编写页号，但需要在卷内备考表中说明并注明总页数；卷内目录、卷内备考表不编写页号。

（3）卷内目录的编制

卷内目录是登录卷内文件题名及其他特征并固定文件排列次序的表格，排列在卷内文件之前。

序号：卷内文件材料件数的顺序用阿拉伯数字从"1"起依次标注。

文件编号：填写文件材料的文号或图纸的图号。

责任者：填写文件材料的形成部门或主要责任者。

文件材料题名：填写文件材料标题的全称，不要随意更改或简化；没有标题的应拟写标题外加"〔〕"号；会议记录应填写主要议题。

日期：填写文件材料的形成日期。如 2020 年 12 月 19 日可填写为"20201219"。

页号：填写每件文件材料首尾页上标注的页号。

各立卷单位经验收单位的接收人审核后，卷内目录由项目法人单位用计算机统一打印。

（4）卷内备考表的编制

第一，卷内备考表是卷内文件状况的记录单，排列在卷内目录之后。

第二，卷内备考表要注明案卷内文件材料的件数、页数以及在组卷和案卷提供使用过程中需要说明的问题；应由责任立卷人和案卷质量审核人签名；应填写完成立卷和审核的日期。

第三，互见号应填写反映同一内容而形式不同且另行保管的档案保管单位的档号。档号后应注明档案载体形式，并用括号括起来。

4. 案卷的装订

首先，文件材料应胶（线）装（采用三孔一线方法装订），去掉金属物；破损的文件材料要先修复。不易修复的应复制，与原件一并立卷；剔除空白纸和重复材料。

其次，案卷内不同幅面的文件材料要折叠为统一幅面，幅面一般采用国际标准 A4 型（297mm×210mm）。

最后，装订的案卷，应在每份文件材料的右上角加盖件号章，逐件编件号；填写卷内目录，顺序排列。

5. 图样的整编

图样案卷一般采用不装订，图样幅面统一按国际标准 A4 型以手风琴式正反来回折叠，标题栏露在右下角。并在图样的标题栏框上空白处加盖档号章，逐件编件号。填写卷内目录，顺序排列。

6. 照片档案

（1）照片说明的编写方法和要求

第一，文字说明应准确概括地揭示照片内容，一般不超过 200 字，其成分包括事由、时间、地点、人物（姓名、身份）、背景、摄影者六要素；时间用阿拉伯数字表示。

第二，总说明和分说明：一般应以照片的自然张为单元编写说明，一组（若干张）联系密切的照片应加总说明；凡已加总说明的照片分别编写简要的分说明，并注 * 号。

（2）照片的整理方法

①分类

一般应在全宗内按年代—问题进行分类。分类应保持前后一致，不能随意变动。

②根据分类情况组卷

将照片与说明一起固定在 A4 芯页正面，案卷芯页以 15 页左右适宜。并附卷内目录与卷内备考表。

③卷内目录

以照片的自然张或有总说明的若干张为单元填写卷内目录；照片号即案卷内照片的顺序号；照片题名在尽量保证基本要素内容完整的前提下，将文字说明改写成照片名称，一般不应超过 50 字。参见号即与本张（组）照片有联系的其他档案的档号。

（3）照片底片的整理方法

首先，底片为胶片的。与照片对应编号，并刻入胶片。

其次，数码底片。与照片对应编号，由数码相机直接存储为 TIFF 或 JPG 格式。应设置日期，并编写相应的文字说明以光盘形式保存。

7. 磁性载体档案

磁性载体档案主要包括录音带、录像带、幻灯片、磁盘、影视胶片、缩微胶片、光盘等不同载体的文件材料。它与纸质载体的文件材料同为水利工程档案的重要组成部分。为保持各类载体档案之间的有机联系，其分类方案对应纸质档案，附以年度＋载体档案＋保管单位。

单位工程录像档案归档要求：

①拍摄内容

大招标、投标会议内容；大施工图设计审查会议内容；初步设计、施工图设计批复文件，施工建设录像。除首页画面外，其余按施工工序依次显示画面：单位工程竣工后的上游、下游及侧面图；工程建设前的原地貌；施工图设计交底的场面；每个分部工程主要施工过程及关键环节施工场面；分部工程验收的场面；原材料及设备进场验收交接场面；施工现场试验室及主要试验检测过程的场面；施工单位对工程进行管理的制度办法（以照片形式表示）等及现场管理的场面；工程建设中出现的重大安全事故的现场录像实况；反映设计、监理、质量检测、质量监督检查等部门对关键部位、施工、设备制造等环节现场工作的内容；上级行政主管部门、项目法人对工程进行检查、指导工作的场面；监造工程师到制造现场和合同规定的地方进行察看和查阅加工制造的场面；竣工验收对实体工程和档案文件验收及验收会议的内容。

②质量要求

经过剪辑，图像稳定、图面清晰、字幕醒目清楚，颜色适宜，制作成动态图像压缩（MPEG）格式文件；配有解说词，简述单位工程在建设工程中的地位和作用，按施工程序写成工程简介。

③提交载体与内容

原始录像带；竣工验收会议所使用的录像光盘；添加竣工验收会议内容后的，反映整个工程建设过程的原始录像。

④光盘制作阶段

第一阶段满足单位工程完（竣）工验收的需要（现场观看录像）；第二阶段，在第一阶段制作的基础上增加完（竣）工验收的内容作为该单位工程完整的录像内容归档并移交。

⑤移交光盘份数与纸质档案数量一致

录像、幻灯片、录音带及对应光盘需标明文件题名与对应时段、时间、录像（音）人。

8. 档案装具

照片、磁性载体档案及电子文件保管所用装具及保管条件一律执行国家统一标准、规定。各合同单位所提交档案资料所用档案盒、档案脊背、相册、光盘及标签等均由项目法人单位统一提供，费用自负。

三、竣工图的编制

竣工图是工程档案的重要组成部分，必须做到准确、清楚，真实反映工程竣工时的实际情况。项目法人应负责编制项目总平面图和综合管线竣工图。施工单位应以单位工程为单位编制竣工图。竣工图必须由施工单位在图标上方加盖竣工图章，有关单位和责任人应严格履行签字手续，不得代签；每套竣工图应编制说明、鉴定意见和目录，施工单位应按以下要求编制竣工图：

第一，按图施工没有变动的可在施工图上直接加盖竣工图章并签字。

第二，一般性图纸变更及符合杠改或划改要求的可在原施工图上更改，在说明栏内注明变更依据，加盖竣工图章并签字。

第三，凡涉及结构形式、工艺、平面布置改变等重大改变，或图纸变更超过1/3应重新绘制竣工图（可不再加盖竣工图章）。重绘图应按原图编号，并在说明栏内注明变更依据，在图标栏内注明"竣工阶段"和绘制竣工图的时间、单位、责任人。监理单位应在图标上方加盖"竣工图确认章"并签字。

四、水利工程档案的分类编号

（一）水利工程档案的分类

分类就是根据事物的本质属性所进行的划分，是将事物的共同点和不同点加以区分的一种逻辑方法。

水利工程档案的分类，就是根据水利工程档案的内容性质和相互联系，把工程档案划分成一定的类别，从而使库藏全部工程档案形成一个具有从属关系的不同等级的有一定规律的系统。

对工程档案进行科学分类，是管理工程档案的必要手段，是工程档案整理工作的核心内容。

（二）分类方案的编制

1.统一的分类标准

根据工程档案管理工作职责和档案整理工作的原则，在通盘考虑整个工程应当形成的全部工程文件材料的基础上，由项目法人按照工程档案分类编制原则和方法，负责编制本工程分类方案，实行统一的分类标准。

2. 工程档案的管理性和业务性材料集中

在充分反映水利工程档案的形成内容和特点的前提下，确定以工程项目为分类体系，把同一个工程档案的管理性和业务性材料集中在一起，考虑到工程项目和建设阶段属性的不同，按照从总到分、从一般到具体的原则划分，做到类目排列、档号结构符合逻辑原则，同位类目之间界限清楚，不相互交叉和包容。

3. 混合编号方法

为了方便掌握使用，水利工程档案分类方案应在类目名称、档号模式、标识符号等方面，采用汉语拼音和阿拉伯数字相结合的混合编号方法，力求做到准确、简明、易懂、好记。

4. 档案分类

水利工程档案分类方案一般由编制说明、一级类目表（按工程项目分类）和二级类目表（按建设阶段分类）三部分组成。

5. 档号模式和标识

第一，档号是存取档案的代号，排架、检索的依据，必须反映工程档案的分类体系和物理位置，适应计算机管理。

第二，水利工程档案档号 = 工程代号 + 一级类目号 + 二级类目号 + 案卷号。

第三，档号的标识：采用汉语拼音和阿拉伯数字相结合的混合号码制。工程代号、分类号、案卷号之间用符号和"-"连接。

第五节 水利工程档案验收与移交

水利工程档案验收，是工程竣工验收的重要组成部分。各类归档案卷（竣工验收会议除外）及工程录像资料应作为工程验收的有机部分置于竣工验收会议现场接受审查。各单位（阶段）工程项目由组织工程验收单位的档案人员参加，并写出包括评定等级在内的档案验收意见。档案资料验收根据不同阶段，按以下程序进行。

一、单位工程完（竣）工验收

（一）工程预付款申请或验收

第一，施工及设备制造单位提出书面工程预付款申请或验收（交付设备）前 15 天，应按归档要求完成档案资料的整理工作，进行全面自查，项目监理人员对施工单位全部档案资料的内容及整理质量进行全面检查、把关签署审查意见后，按统一格式写出自检报告（含电子版），连同拟归档的档案文件正本（原件）一并上报审核项目法人。

第二，监理单位对其形成的监理档案按归档要求进行整理，按统一格式写出自检报告（含电子版），连同拟归档的档案文件正本一并上报项目法人。

第三，负责汇总的监理单位负责收集、汇总各监理单位的工程档案与工程项目监理档案，重复的只提交卷内目录。编制案卷目录（含电子版）按合同规定移交项目法人。

第四，项目法人档案管理部门会同建管部门的工程技术人员对档案资料的整理质量及内容进行审核，报项目质量监督站审定通过后，归档单位按要求完成副本制作、扫描刻录光盘后，由项目法人档案管理部门出具档案合格书面证明，方可进行工程验收。

第五，建设、设计、施工、监理、质量监督与检测、质检等单位在提交工作报告的同时均应制成多媒体并刻录成光盘，现场汇报后归档。

第六，在验收小组的领导下，由项目法人、质量监督、监理、施工等单位的档案管理人员组成档案验收组，对档案进行审查与验收，评定档案质量等级，提出验收专题报告，其主要内容要写入工程验收鉴定书中。

（二）全部工程竣工验收（包括初步验收）

工程竣工验收前三个月，在完成各类文件材料、全套竣工图的组卷、分类、编号及填写案卷目录后，由项目法人组织施工、设计、监理等单位的项目负责人、工程技术人员和档案管理人员，对工程档案的完整性、系统性、准确性、规范性，进行全面检查，并进行档案质量等级自评，写出自检报告。档案资料验收提前于工程竣工验收，并于工程竣工验收前完成档案资料的整改。验收专题报告作为工程竣工验收鉴定书的附件，其主要内容要反映到鉴定书中。档案资料自检报告及验收报告应包括以下内容：

1. 档案资料工作概况

工程概况及档案管理情况；档案资料工作管理体制（包括机构、人员等）和档案保管条件（包括库房、设备等）；档案资料的形成、积累、整理（立卷）与归档工作情况，其中包括项目单位、单项工程数和产生档案资料的各种载体总数（卷、册、张、盘）。

2. 档案资料的移交情况

档案资料的移交情况，并注明已移交的卷（册）数、图纸张数等有关数字。

3. 对档案资料质量进行评价

对档案资料完整性、准确性、系统性、安全性以及整体案卷的质量进行评价，档案资料在施工、试运行中的作用情况。

4. 存在的问题

档案资料管理工作中存在的问题、解决措施及对整个工程建设项目验收产生的影响。

（三）档案资料的移交

必须填写档案移交表，必须编制档案交接案卷及卷内目录，交接双方应认真核对目录与实物，并由经办人、负责人签字、加盖单位公章确认。分以下情况，在规定的时间内办理交接手续：

第一，勘测设计单位及业务代理机构应归档的档案资料在提交设计成果和代理工作结束一周内移交项目法人。

第二，单位工程施工、监理、质量监督与检测档案资料在完（竣）工验收会议结束一周内移交项目法人。

第三，设备生产单位档案资料在设备交货验收后的一周内移交项目法人。

第四，文书档案办理完毕后立卷归档于次年6月底前移交。

第五，照片、录像、录音资料：在每次会议或活动结束后由摄影、摄像者整理，10日内交相应的档案管理部门归档。

（四）归档套（份）数

勘测设计、施工、监理、委托代理、质量监督与检测等归档单位所提交的各种载体的档案应不少于三套。其中正本（原件）报项目法人一套，涉及的各级建管单位各一套，只有一份原件时，原件由产权单位保存，多家产权的由投资多的一方保管原件，其他单位保管复印件。

二、档案信息化建设

（一）档案信息化建设的重要意义

档案信息化建设，对于档案事业的发展具有十分重要的现实意义和深远的历史意义。首先，我们现处在以信息技术为主要特征的知识经济时代，作为社会信息资源重要组成部分的档案事业必须大力加强档案信息化建设，加快推动档案管理现代化进程，为档案信息资源的合理配置、科学管理和为社会提供优质的服务；其次，加强档案信息化建设，是档案事业应对全球科学技术迅猛发展形势的必然选择，信息技术及信息产业的高速发展，给档案工作带来了挑战和压力，同时也给我们带来新的机遇。只要我们抓住这一机遇，努力学习和运用当代先进的科学知识与科技手段，加快档案工作融入信息社会的步伐，就能够推动档案信息化建设，就可以使档案事业实现跨越式发展，为社会提供全面、便捷的优质服务。

（二）档案信息化建设的含义

所谓档案信息化建设是指在国家档案行政管理部门的统一规划和组织下，在档案管理的活动中全面应用现代信息技术，对档案信息资源进行数字化处置、管理和提供利用。换句话说，档案信息化使档案管理模式发生转变，从以档案实体保管和利用为重点，转向档案实体的数字化存储和提供服务为中心，从而使档案工作进一步走向规范化、数字化、网络化、社会化，充分实现档案信息资源共享。

应该如何理解这一含义呢？

第一，档案信息化工作由国家行政管理部门统一规划和组织。

第二，全面应用现代化技术。信息技术是指完成信息的获取、加工、传递和利用等技术的总和。而现代信息技术是以计算机与通信技术为核心，对各种信息进行收集、存储、处理、检索、传递、分析与显示的高技术群。当前，档案信息的发展以多媒体和数字化为主要特征。可以说，数字化、网络化是实现档案信息化的必由之路。

第三，档案信息化建设的最终目的就是要切实加强档案信息资源的合理配置和科学管理，以满足社会各方面（也包括工程建设方面）日益增长的利用档案信息的迫切需要。

第四章 文书档案管理

文书档案的收集是指接收、征集档案及有关文献的活动，也就是将分散保存在各机关、团体、企事业单位及个人手中和散存在社会上的档案，有组织、有计划地分别集中到有关档案室或档案馆的工作。文书档案的收集主要由两方面的工作构成：一是档案室对本单位形成的档案的接收，二是档案馆对所属地区各单位档案的接收与征集。

第一节 文书档案的收集

档案室是各机关单位统一保存和管理本单位工作活动中形成的档案的内部机构。档案室对本单位形成的档案的收集是集中统一管理本单位档案并为本单位服务的一项重要工作，同时，档案室的档案也是国家档案馆馆藏档案的重要来源。

档案室对档案的收集是按归档制度进行的，归档制度是档案室收集档案的重要依据和保障。

一、归档制度及主要内容

归档制度的含义：

归档是各单位的文书处理部门或业务部门将办理完毕的文件经系统整理后交由档案室集中保存的过程。在我国归档制度已成为党和国家明文规定的一项制度。

归档制度的内容：

（1）归档范围

归档范围是指各单位办理完毕的文件材料应当交由档案室保存的范围。归档范围的确定可以说是单位对档案价值的第一次鉴定，因此，应本着从宽的原则，凡是本单位工作活动中形成的、处理完毕的、具有保存价值的文件都属于归档范围，从另一个角度也可以理解为：除了"不属于归档范围的文件"外，其他文件都属于归档范围。

不属于归档范围的文件包括下列 8 种：①重份文件；②一般事务性的、无查考保存价值的文件；③未成文的文件草稿及一般性文件的历次修改稿；④未经会议讨论，未经领导审阅、签发的未生效文件；⑤同本机关主管业务无关的文件和非隶属机关送来参考的文件；⑥本机关领导兼任其他机关职务形成的文件；⑦一般的人民来信；⑧国家规定的不得归档的有关文件材料。

（2）归档时间

归档时间为第二年上半年内。特殊情况下，如一些专业性文件、特殊载体文件、机密性强的文件、驻地分散的机关形成的文件及形成规律较为特殊的文件等也可根据具体情况适当延长归档时间。

（3）归档案卷的质量要求

应归档的文件应当按照归档案卷整理要求整理好后向档案室移交。

（4）归档手续

文书处理部门或业务部门向档案室移交档案时，交接双方应按照移交目录详细清点，确认无误后履行签字手续。

二、档案室在组织归档工作中的作用

首先，归档工作是各单位文件管理工作和档案工作的交汇处，档案室应当帮助、指导文书处理部门或业务部门做好文书档案整理工作，包括归档文件整理要求的制定，整理方法的讲解、传授等，必要时也可承担部分整理工作。此外，还要做好归档文件整理质量检查和监督工作，使有关部门保质保量地完成整理任务，并按时归档。

其次，加强对本单位文件材料的形成、积累、归档和移交工作的指导、监督和检查，特别是要做好"账外"文件的收集。由于某种原因，文书处理部门会有一些没有经过收发文登记的"账外"文件、内部文件等，这些文件极易出现不能及时归档的情况，档案部门应及时做好提示并积极做好文件的补充收集工作。重点应注意以下情况：

第一，工作人员外出参观学习、考察和参加各种会议而收集获得的文件材料，要按照归档范围的规定，及时送交本部门整理、归档。

第二，建立用印登记制度。单位所有文件、表格、介绍信等只要需要单位盖章的，都要统一登记备案，登记簿上注明是否归档、责任部门、归档时间等项目，年底只要查看此用印登记簿就可以知道还有哪些部门、哪些重要的文件材料没有归档。

三、归档文件整理工作的分工问题

现实中各单位的归档文件整理工作情况比较复杂，有些单位是文书处理部门负责，有些单位是档案部门负责，还有就是双方各负责一部分。考虑到现实的需要，各单位的归档文件整理工作可采取适当分工形式，如文书处理部门或业务部门可以根据档案部门制定的相关标准，确定文件的归档范围，按文件之间的历史联系组卷（件）（排列顺序、编写页码等），然后接受档案室的检查，合格后向档案室移交，档案室则可以负责后续的装订、装盒、编目、排架等工作。

四、档案馆的收集工作

档案馆收集档案之前，首先要明确档案的来源。通常情况下，一个档案馆的档案主要由以下四部分组成：一是接收属于本馆收集范围内的现行机关的档案，这是档案馆档案的主要来源；二是接收属于本馆收集范围内的撤销机关的档案；三是征集属于本馆收集范围内的历史档案；四是档案馆之间交换的档案（见图 5-1）

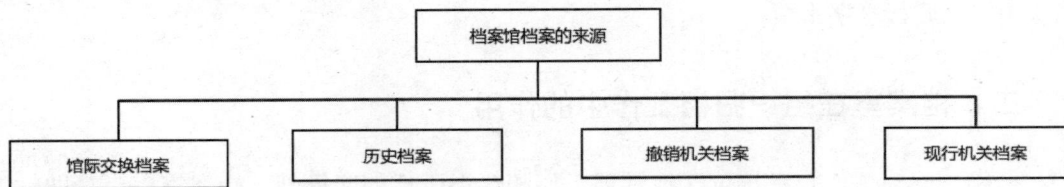

图 5-1 档案馆档案的组成

（一）档案馆对现行机关和撤销机关档案的接收方法

档案馆对现行机关档案的接收方法：

（1）接收前的准备工作

首先，档案馆相关人员应深入实际，了解和掌握准备接收单位的档案情况，包括档案鉴定的方法、档案数量与成分、完整程度、整理质量等，发现问题要及时解决。

其次，做好馆内的各种物质准备，如安排好人力、物力、时间等，以保证接收工作的顺利进行。

（2）接收时间

《档案法实施办法》规定机关、团体、企业事业单位和其他组织，应当按照国家档案局关于档案移交的规定，定期向有关的国家档案馆移交档案。

属于中央级和省级、设区的市级国家档案馆接收范围的档案，立档单位应当自档案形成之日起满 20 年即向有关的国家档案馆移交；属于县级国家档案馆接收范围的档案，立档单位应当自档案形成之日起满 10 年即向有关的县级国家档案馆移交。

经同级档案行政管理部门检查和同意，专业性较强或者需要保密的档案，可以延长向有关档案馆移交的期限；已撤销的单位的档案或者由于保管条件恶劣可能导致不安全或者严重损毁的档案，可以提前向有关档案馆移交。

（3）接收方式

档案馆接收现行机关保管期满的档案时，可采用逐年接收和定期接收两种方式，各馆可根据具体情况而定。

（4）接收要求

①完整性

各单位应根据全宗原则及国家相关规定，将全部档案收集齐全、完整，经过系统整理后向档案馆移交。档案馆在接收档案时要进行完整性检查，发现问题及时整改。

②价值性

移交进馆的档案必须经过鉴定，档案馆在接收档案时要进行抽样检查，发现问题及时处理。

③坚持质量验收

档案馆接收档案时应按照各地档案管理部门制定的案卷质量验收标准的规定进行，发现质量问题退回重整。

④清点核对清楚

档案进馆时要根据移交目录，交接双方核对清点清楚后，在交接文据上签字盖章。

（5）档案馆对二、三级单位档案的接收

档案馆对二、三级单位的档案应有选择地接收，不要盲目接收和普遍接收。根据国家档案局《各级各类档案馆收集档案范围的规定》，下列两种类型单位的档案应向所属档案馆移交：

第一，各级人民政府的直属工作部门所属的独立分管某一方面工作或从事某项事业的行政管理机关和企事业单位，如各部委、省(自治区、直辖市)直属的各企业，工厂的院、所、学校、医院等。

第二，有代表性的、典型的二、三级单位。如一些有代表性的工厂、中小学校、商店、居委会、村委会等。

2. 档案馆接收撤销机关档案的方法

撤销机关档案具有易分散、整理不系统、有一些尚未办理完毕的文件等方面的特点，因此，档案馆在接收撤销机关的档案时要注意以下问题：

第一，总的原则是由撤销单位组织人力负责整理，然后再向所属档案馆移交。

第二，单位撤销、合并时，撤销单位应负责组织人力，将全部档案进行认真清理、鉴定并保管好，按规定向所属档案馆移交，或由其职能继任单位代管。

第三，单位撤销或合并时，如有尚未办理完毕的文件，应转给原单位的职能继任者或有关单位继续办理后整理保存。

第四，一个单位并入另一个单位或几个单位，几个单位合并为一个新的单位，其并入或合并以前形成的档案，应按单位分别组成有机整体，向所属档案馆移交，严禁将这种档案与合并后形成的档案混在一起。

第五，一个单位撤销后，业务分别划归几个单位时，撤销前的档案不能分散，应当作为一个有机整体整理并保管好，由有关单位协商交给某个单位代管，或向档案馆移交。

第六，一个单位的一部分业务或其中的一个部门划归给另一个单位时，原来该单位在从事此部分业务活动中形成的档案，应作为原单位档案的有机整体的一个组成部分，如果接收单位需要查考，双方可通过协商方式借阅或复制。

（二）档案馆对历史档案的接收与征集方法

档案界习惯上将中华人民共和国成立以前各机关、团体、企事业单位、军队以及著名人物形成的档案称为历史档案，其中包括革命政权档案、历代王朝、北洋军阀和国民党统治时期的档案。

1. 对保存在各单位的历史档案的接收

对保存在现行机关单位的历史档案可以按照接收现行机关单位档案的办法处理，对于保存在图书馆、博物馆等单位的历史档案（在我国档案馆创建以前，图书馆、博物馆等单位在收集文物和史料时，也进行过档案的收集，这对于保护我国的历史遗产起到了重要作用），根据国家现有规定，仍由图书馆和博物馆等单位保管。

2. 对保存在个人手中的失散历史档案的征集

保存在个人手中的失散历史档案情况比较复杂，首先要进行深入的调查研究，掌握有关情况，了解情况后可按照国家相关政策，采用捐赠、遗赠、购买、寄存等方法进行收集。

3. 对少数民族地区历史档案的收集

我国少数民族地区保留下来许多早期的和古老形式的档案，其中有些是内地甚至是国际上罕见的珍贵档案。收集少数民族档案时要讲民族政策，不能采用强硬的办法，有些档案如暂时不能收集进馆，也要协助保管者注意保护，待条件成熟后再收集。

目前，各地档案局（馆）在征集历史档案中采用最多的方法是发布征集通知、函等，收到了一定的效果。

第二节 文书档案的整理

文书档案的整理是按照一定的原则和方法对档案实体进行区分全宗、分类、组卷(件)、排列、编号、编目等，使之系统有序化的过程，整理的最终目的是便于保管和利用。文书档案整理工作是档案管理的一项核心内容，档案工作人员必须掌握整理技能，完成高质量的整理工作。

需要指出的是，文书档案整理是档案馆（室）对档案的整理，与归档文件整理既有区别又有联系，区别在于归档文件整理是各单位的文书处理部门或业务部门将办理完毕的文件经过整理向档案室归档的工作，而文书档案整理是指档案馆（室）对归档后的档案所进行的整理；两者的联系是当档案馆（室）接收和征集到一些完全没有经过整理的零散文件时所进行的全过程整理基本上与归档文件的整理工作相同，只是多了一个"区分全宗"的环节。

一、文书档案整理工作的内容、原则与标准

（一）文书档案整理工作的内容

由于档案馆(室)收集到的档案整理状况不同，因此，整理工作的内容会有一些差异，主要有以下三种情况：

1. 系统排列和编目

这是档案馆（室）对接收到的整理比较规范的文书档案的整理工作，是根据整个档案馆(室)对档案存放和管理的要求，对档案进一步系统化的过程，如全宗和案卷的排列、案卷（文件）目录的某些加工等。

2. 局部调整

有两种情况可做局部调整：一种是对已经整理过的交由档案馆（室）保存的档案，经过管理实践或专门的质量检查，有些地方不太符合管理要求或不便于保管利用，需要进行一定的加工；另一种是随着时间的推移，档案文件本身以及档案整理体系有可能发生变化，也需要进行必要的调整。

3. 全过程整理

对档案馆（室）接收和征集到的一些完全没有经过整理的零散文件需要进行全过程

的整理，包括区分全宗、全宗内档案的分类、组卷（件）、排列、编号、编目等，这种情况的整理和归档文件的整理基本相同，只是多了区分全宗这一项内容。

（二）文书档案整理工作的原则

1. 充分利用原有的整理基础

档案馆（室）接收或征集的档案如果是经过较为规范整理的，就不要轻易打乱重整，如果有些地方不太符合要求，可以进行补充整理。实践证明，多数情况下打乱重整还不如原来整理的条理清楚、方便利用。

2. 保持文件之间的有机联系

保持文件之间的有机联系是档案整理最重要的原则，是维护档案本质属性的基本要求。由于实际工作的需要，文件在形成过程中会有千丝万缕的联系，档案的整理就是要找出这种联系并保持这种联系，以使档案能够反映历史活动的真实轨迹。

文件之间的历史联系不是抽象的概念，而是实实在在体现在文件之中，具体来说包括文件的来源、时间、内容和形式上的联系。

第一，来源联系。文件都是以一定的机关或个人为单位有机形成的，这些机关和个人就构成了文件来源方面的联系。来源联系是文件之间的首要联系，整理档案时首先要保持住来源联系。

第二，时间联系。形成文件的机关或个人所从事的活动都有一定的过程和阶段性，从而构成了文件之间的时间联系，整理文件时要保持时间上的联系。文书档案整理时常用的时间联系是"年度"，即同一年度产生的文件应放在一起整理。特定的一个历史时期的文件也可整理在一起。

第三，内容联系。文件是机关或个人围绕一定的目标或解决一定的问题时形成的，这就构成了文件内容方面的联系。内容联系是文件之间最重要的联系，整理过程中应重点把握这一联系，例如，一个问题、一项工作、一起案件、一次会议等形成的文件就具有内容上的联系，整理时应放在一起。

第四，形式联系。它是指文件材料的种类、名称、规格、制成材料等。为了保管和利用的方便，同一种形式的文件整理时应放在一起，特别是制成材料不同的应单独整理存放。

3. 区分不同价值

由于文件在形成过程中的作用不同，其保存价值也不一样，整理时不同保存价值的文件应分开整理。我国档案的保管期限分为永久、定期两种，定期再实行标时制，分为30年、10年。不同保管期限的应单独整理。

4.便于保管和利用

这是档案整理工作最基本的出发点和最终目的。实际上，如果做到了档案整理原则的前三个方面，就基本上能够达到便于保管和利用的目的。但是，保持文件之间的历史联系和便于保管利用之间有时会发生矛盾，例如一次会议形成的文件包括纸质文件、照片、录音、录像等，整理时如果保持了联系，就不便于保管和利用，因此，要区分不同情况，在相应的范围内保持文件最优化的联系。

（三）文书档案整理标准和依据

文书档案整理的标准和依据：归档文件整理规则、机关文件材料归档范围和文书档案保管期限规定。

（四）文书档案整理人员需要具备的知识素养

文书档案整理人员需要具备以下几方面的知识素养：

第一，掌握文书档案整理专业知识。

第二，具备一定的理论知识素养。

第三，了解和把握档案形成单位的历史和现状。

第四，具有一定的档案工作经验。

二、文书档案整理工作的步骤与方法

文书档案整理是指对档案馆（室）接收或征集到的一些完全没有经过整理的零散文件的整理，也叫"全过程的整理"，其步骤和方法如下。

（一）区分全宗

对档案馆（室）接收或征集到的一些完全没有经过整理的零散文件整理的第一个步骤就是区分全宗。

1.全宗及立档单位的含义

全宗是一个国家机构、社会组织及个人形成的具有有机联系的档案整体，形成全宗的单位称为立档单位，一个立档单位形成的档案就是一个全宗。立档单位可以是国家机构、社会组织，也可以是个人。

构成独立全宗的立档单位必须具备三个条件：独立人事任免权、独立财务权、独立发文权。一般来说，具有法人资格的单位就是立档单位。

区分全宗过程中，要注意立档单位的变化对全宗划分的影响，主要有以下几种情况：

第一，凡是新成立的并具有法人资格的单位，就是新的立档单位，它所形成的档案构成一个新的全宗。

第二，新的机关如果是接收和代替了其他机关原来的全部或一部分职能，或者是由若干撤销机关合并而成，这个新机关虽然在某些方面与原来的机关有着前后的联系，但其基本职能不同，它的档案和原来机关的档案应分别构成全宗。如某市职业教育中心是由六所不同学校组成的，组成前是六个全宗，组成后为一个全宗，中心档案室内的档案共分成七个全宗。

相反，一个机关、单位分为两个或两个以上的单位，旧单位为一个全宗，新单位各自构成全宗。

第三，机关内部组织机构从原单位中独立出来成立新的机关，其档案应构成单独的新全宗，作为内部机构时的档案仍属原先全宗的组成部分。相反，原来是一个独立的立档单位，后因工作需要，改变为某一机关的内部组织机构，改变前为一个独立的全宗，改变后为另一全宗的一部分。

第四，不构成新的全宗的情形有：①机关职能与工作范围的扩大与缩小；②机关内部组织机构的调整；③机关工作地点的变更；④机关名称的变更、领导关系的改变；⑤由于某种原因机关曾暂时停止一段时间又恢复；⑥立档单位建立的临时机构，应与立档单位同属于一个全宗。

2. 常用全宗的特殊形式

在区分全宗过程中，如果遇到特殊情况无法按正常情况组成全宗，可按全宗的特殊形式进行整理，这些特殊形式主要有以下两种：

（1）联合全宗

联合全宗是指由两个或两个以上立档单位合署办公形成的互有联系不能区分的档案构成的全宗，如档案局、档案馆联合全宗，某镇委员会、镇政府联合全宗等。这样整理出来的全宗在档案盒的"全宗名称"处填写联合全宗名称。

（2）档案汇集

档案汇集是用人为的方法将不知其所属、残缺不全的文件，按照一定的特点，如按时间、时期、地区、事件、人物等集中起来的混合体，整理历史档案时比较常用档案汇集。如果按照档案汇集整理档案，应在全宗名称处填写档案汇集名称。

3. 如何判定档案的所属全宗

判定档案的所属全宗就是确定档案的形成者——立档单位，主要从收文、发文和内部文件三方面着手进行判断。对于收文，只要查明了文件的实际收受者（收文单位），就确定了它的所属全宗；发文和内部文件，它们的作者就是文件的形成者，只要查明了文件的作者，就确定了它们所属的全宗。有些历史档案，找不到发文或收文单位，就要通过对其内容、载体、用语等进行考证来判定，实在考证不出，就按"档案汇集"整理。

4. 个人全宗

个人全宗是社会知名人物在一生活动中形成的档案整体，历史上一些著名的家庭、家族形成的档案整体也属个人全宗。

实际个人全宗的构成需要具备三个条件：第一，社会知名人士；第二，非国家领导人；第三，档案较为齐全和完整。

我国各级综合档案馆的个人全宗数量稀少，今后应加大力度进行收集和保存。

5. 全宗的编号与排列

（1）常用全宗编号方法

①大流水编号法

大流水编号法就是对一个档案馆的所有全宗，按进馆的先后顺序，用自然整数由小到大顺序编号，第一个进馆的全宗为1号全宗，第二个为2号全宗，以此类推。

②分类流水编号法

分类流水编号法是先将馆藏所有全宗按照一定标准划分为两个或几个大类，以固定的代字或代码标出，然后在各大类中再按进馆顺序编号。

（2）全宗排列方法

在档案馆内，一般按全宗进馆的先后顺序排列，同时进馆（室）的可按全宗的大小、相互联系及重要程度排列。

（二）全宗内档案的分类

区分全宗的工作完成后，就要对全宗内的档案进行分类。

组织全宗内常用的档案分类法：

（1）年度分类法

年度分类法是按档案形成的自然年度或专业年度进行分类的方法。

使用年度分类法应注意下列问题：

第一，文件上有属于不同年度的几个日期的档案文件怎么归类？此类文件应归入文件内容针对的年度或事情办结的年度。

第二，实行专业年度的档案文件类别怎么划分？如果单位的全部工作都按专业年度进行，就按专业年度对档案文件进行分类；如果专业工作（如教学）是按专业年度进行，而其他工作（如行政管理）是按自然年度进行，且档案文件统一管理，则应将专业年度与自然年度结合在一起形成年度类别。

第三，无明确日期的档案文件怎么归类？对此类文件的处理办法是对文件形成日期进行考证，主要从文件内容、制成材料、字体、格式、用语等方面进行考证，以判断文件大体形成的日期，如经考证仍不能确定其年度，则应将其归入可能性最大的年度，并在目录的备注中加以说明。

（2）组织机构分类法

组织机构分类法是以立档单位内部所设置的组织机构为标准对档案进行分类，内部组织机构的名称就是类名。立档单位内部机构比较健全、稳定，且分工比较明确的单位可以采用这种分类方法。

使用组织机构分类法应注意的问题：

①立档单位的办公厅（室）与领导机构应如何设类

对于领导机构形成的档案和办公厅（室）形成的档案统一作为一个类进行整理，类名就是办公厅（室）。

②办公厅（室）与各业务部门共同形成的档案应如何归类

如果是两个以上部门合办的文件，应归入主办部门；如果分不清主次就归入最后承办的部门；联名发出的文件应归入主要起草部门。

（3）问题分类法（事由分类法）

问题分类法是按照档案内容所涉的问题（事由）进行分类的方法。一般内部分工比较简单或职能有交叉的，或内部机构之间文件已经混淆的立档单位可采用这种方法。

使用问题分类法应注意的问题：

①问题类别应如何设置

立档单位的基本职能活动是设置类别的主要依据，有多少主要职能活动就设多少类别，类别设置不宜过细和过于具体，各类之间界限要清楚、含义确切，大类必须包含属类，平行类要相互排斥，不交叉。为了缓解特殊文件的归类难度，第一个类目可设置为"综合类"，最后一个类目可设置为"其他类"

②多类别属性或类属不明的档案文件应如何归类

各单位要制定统一的归类标准，以避免归类上的不一致性，特别是对那些多类别属性或类属不明的档案文件以及理解上有分歧的档案文件的归类处置都要做出明确规定，以保持归类的统一性。

常用档案分类方法的特点、使用范围与注意问题如表 5-1 所示。

表 5-1　常用档案分类法比较

方　法	特　点	适用范围	需注意问题
年度分类法	1.保持文件在时间方面的联系 2.与文书处理制度相吻合 3.标准客观，便于归类	大部分立档单位	准确判定文件所属年度
组织机构分类法	1.保持文件在来源方面的联系 2.与文书处理制度相吻合 3.标准客观，便于归类	立档单位内部机构比较健全、稳定，且分工明确	1.按机构设类并确定适当分类层次 2.对涉及若干机构的文件规定统一分类方法
问题分类法	1.保持文件在内容方面的联系 2.类目设置与文件归类难以掌握	1.立档单位内部机构分工简单，或职能有交叉 2.各内部机构之间文件已混淆	1.类目设置符合实际 2.类目体系符合逻辑 3.文件归类准确合理

（4）复式分类法

复式分类法是两种或两种以上分类方法的结合使用，档案实际整理过程中主要使用复式分类方法。具体来说主要有以下四种：

①年度—组织机构分类法

先将全宗内的档案按年度分开，年度内再按组织机构分类。

②组织机构—年度分类法

先将全宗内的档案按组织机构分开，组织机构内再按年度分类。

③年度—问题分类法

先将全宗内的档案按年度分开，年度内再按问题分类。

④问题—年度分类法

先将全宗内的档案按问题分开，问题内再按年度分类。

在国家机关、企业和事业单位，还有一个党、政、群众团体档案的分类问题。一般情况下，是把党、政、工、团的档案分成几大类，在大类中视档案数量的多少再分属类和小类。

（三）档案分类前要做的工作

1. 编制档案分类方案

全宗内档案分类的具体表现形式是分类方案（分类大纲），它是用文字或图表的形式表示一个全宗内档案分类体系的一种文件。全宗内档案的分类是按照分类方案进行的，因此，编制档案分类方案是全宗内档案分类的首要内容。编制分类方案必须以单位全部档案为对象，通盘考虑，依据本单位管理职能、机构设置、档案内容与形式、档案数量等情况，保持档案之间的有机联系，并考虑便于保管和利用的要求。

通常情况下，在编制档案分类方案时，为了清楚地反映单位档案的分类、鉴定情况，可将档案分类方案、归档范围、保管期限合在一起编制。

此外，在编制分类方案时，应注意以下几个问题：

（1）统一性

在编制分类方案时，首先要确定采用哪种分类方法，各个层次采用的是什么分类方法，都要标示清楚，在每一个分类层次中不能同时采用两种以上的分类方法，必须是一种分类方法，如第一个层次采用的是年度分类法，就不能再采用其他分类方法，第二、三等分类层次均如此。

（2）排斥性

分类方案中同级的各个类别是并列相等的，同位类之间内容必须相互排斥，不能交又重复,或相互包括。

（3）伸缩性

分类方案中的各类均应留有适当的余地,以便增加或减少类别。

2. 确定档案的分类层次

正常情况下,档案的分类层次不宜过多,一般单位不超过三层,档案特别多的单位不超过五层,各层次的分类标准不必统一,但同位类应采用同一标准。

（四）综合档案室档案的分类

综合档案室档案的分类,可以结合历史及现实情况,采用以下三种分类方法:

1. 门类分类法

即将档案分为文书档案、科技档案、人事档案、会计档案、声像档案等大类,并分别赋予各大类档案一定的代号或代字,然后再按组织机构或问题分属类和小类。

2. 组织机构分类法

即打破门类,将所有档案按组织机构分成大类,然后按问题分属类和小类。

3. 问题分类法

即打破门类,将所有档案按问题分类。如分成党、政、工、团档案与产品档案、基建档案、设备仪器档案、科研档案、人事档案、会计档案等,然后按机构（或将大问题划分为小问题）分属类和小类。

以上三种方法均可与年度分类法结合运用。

（五）个人全宗档案的分类

个人全宗的档案一般分为 9 类:①生平传记材料;②创作材料;③公务活动材料;④个人书信;⑤经济材料;⑥亲属材料;⑦评价材料;⑧声像材料;⑨其他材料。

值得指出的是,我国各级档案馆（室）的个人全宗数量极少,今后应注意收集和保存。

三、档案整理工作中的组织管理

（一）编制档案整理工作方案

档案馆（室）在对零散文件进行整理时,首先要编制整理工作方案,使整理工作按计划有条不紊地进行。整理工作方案的内容包括整理工作的要求与方法、分类方案表、工作程序、劳动组织、人员分工以及大致完成的时间等。整理工作方案一般以全宗为单位编制。

（二）编写《立档单位与全宗历史考证》

在整理零散档案文件时，为了帮助整理者了解和熟悉立档单位及档案的情况，需要调查研究立档单位的组织沿革和档案状况，并将其写成书面材料——《立档单位与全宗历史考证》。《立档单位与全宗历史考证》可以作为整理工作方案的组成部分。

《立档单位与全宗历史考证》的内容主要包括以下几个方面：

1. 立档单位概况

立档单位概况主要写明：第一，立档单位成立的时间、原因；第二，立档单位的性质、职能、职权范围、任务及其变化情况；第三，立档单位的隶属关系、领导变更、名称的变化；第四，立档单位内部组织机构设置、名称及变化情况等。

2. 全宗档案情况

全宗档案情况主要写明：①全宗档案内容与成分概况，包括数量、完整程度等；②全宗档案是否经过鉴定、是否有过销毁、销毁所占比重；③重要档案、特殊档案的简要介绍；④档案被利用的情况等。

（三）整理档案的劳动组织

对零散档案的整理往往需要较多的人员参加，必须进行合理的人员安排。一般的做法是：工作开始时可以由少数人（主管领导、档案馆或档案室的负责人或主要业务人员等）研究分析档案的情况，制订整理工作的计划和方案，然后按计划分配的任务，请所有参与人员共同完成整理任务，最后由少数人做收尾工作。

第三节 文书档案的利用

文书档案利用工作是档案馆（室）以收藏的档案为依据，通过一定的方式、方法，提供档案信息为利用者服务的工作。档案提供利用工作是档案工作的最终目的，因此，档案馆（室）应当为档案的利用创造方便条件，简化利用手续，提高服务质量。

一、档案提供利用的主要方式

（一）阅览服务

阅览服务是档案馆（室）按照档案的服务范围及规定提供档案为利用者服务的主要

方式。由于档案往往是孤本孤份，有些档案还具有机密性，因此，档案一般是不外借的，每一个档案馆（室）都应设有符合阅览需求的阅览室，以供利用者使用。阅览过程中工作人员应做好检查监督工作，以防止利用者对档案的损坏。

（二）档案外借服务

如前所述，一般情况下档案是不外借的，但有些特殊情况也可暂时借出馆（室）外，特别是档案室将档案借给机关领导或业务部门的情况更为常见，甚至需要"送档上门"。需要注意的是，档案外借一定要严格遵守相关规定和履行相关手续（如批准手续、登记手续等），且借出时间不宜过长（一般不超过3天）。

（三）档案复制服务

制发档案复制本是目前档案提供利用的重要方式，有手抄、复印、拍照等形式。使用档案复制本时，首先由利用者提出申请，然后经过一定的批准手续进行复制。复制本与原件校对无误后，加盖档案馆（室）公章，并注明档案原件的编号，以示对复印件负责。档案复制一般由档案工作人员来完成，这是我国档案馆的普遍做法。

（四）制发档案证明

档案证明是档案馆根据利用者的询问或申请，查找某种事实在馆（室）藏档案中有无记载和如何记载而摘抄或编写的书面证明材料。档案证明一般是根据档案的正本来编写，并注明材料的来源、出处，加盖公章才能有效。

档案证明要一式两份并编写号码，一份给利用者，一份档案馆（室）留存。

（五）档案目录服务

档案利用者普遍对馆（室）藏知之甚少，必须借助目录才能达到了解馆藏及查找利用的目的。因此，每一个档案馆（室）都要为利用者提供目录服务并做好相应的辅导工作。档案馆（室）应为利用者提供全宗文件目录、案卷目录、全宗指南、分类目录、主题目录、专题目录、开放档案目录、档案馆指南等。

二、档案展览服务

（一）档案展览服务的含义

档案展览服务是档案馆（室）根据工作需要，按照一定的主题，展出档案原件或复制件，系统揭示和介绍档案馆（室）藏的一种大众化的、服务效果较好且吸引力较强的服务方式，同时也是一种很好的档案宣传方式。

档案展览形式一般有两种：一是长期性的档案展览，即在档案馆（室）内设长期展厅，将本馆（室）具有珍贵价值或特色的档案在展厅内展出；二是短期展览，是为了配合各项工作活动的需要，展出与活动主题相关的档案。

（二）档案展览的组织实施

档案展览要想取得好的效果，需要进行周密的计划和很好的组织工作。一般情况下，展览大体要经过以下工作步骤：

1. 确定展览主题

举办展览要有一定的目的性，要选好主题，如配合国家的中心工作、重要历史事件及历史人物纪念日或公众感兴趣的历史记忆、民风民俗等，只要将主题选好了，就能取得很好的展览效果。

2. 确定展品

确定展品的总原则是要选择最有说服力、与主题关系最密切的展品，展品可以是本馆（室）的，也可以与其他部门合作展览。展品种类应尽量丰富，文字、图像、声音、实物等应尽量齐全，以增强展览的表现力。此外，展品应尽量使用档案原件，减少复制件的使用，使参观者具有真实的历史身份感，增强展览效果。

3. 展览的形式设计

展览形式设计是在充分理解展示内容和展示意图的基础上对展厅、展品以及其他各种辅助陈列设备进行艺术化处理的过程，包括陈列空间的规划、展品布置及版面设计、多媒体设备应用规划等等，为了提高展览效果，有条件的档案馆（室）可聘请专业设计和施工单位来完成。

4. 展览方案的编写

上述工作完成后，特别是展品及展览形式设计完成后，应将设计成果整理成详细的方案，作为展品展出的依据。

5. 编写展览文字说明

档案展览的文字说明是交代展品或展项基本情况的材料，如展览的历史背景、人物成长历程等，篇幅要精练，重点突出，与展示主题相吻合，使观众能够精确地把握展示对象的背景信息。

6. 陈列展出

按照设计方案将展品展出。

（三）档案展览服务工作

国内多数档案馆（室）不太重视为参观者提供良好的服务，这一点应当引起足够的重视。根据国内外的经验，档案展览服务重点是做好以下工作：

首先，档案展览在选址方面应当注意营造良好的参观环境，总的要求是安静、舒适、宽敞、明亮，有一定的绿化设计。

其次，利用大众媒体做好展览的宣传工作，如利用网站提供展览的时间、地址、公交路线、参观须知、如何预约等服务。

最后，要有一定的配套服务设施，如交通要方便，要有停车场，要设置残疾人特殊服务设施等；馆内展览还应设有休闲娱乐区，如咖啡吧、观景区、餐厅、图书杂志阅览区等。

三、档案咨询服务

档案咨询服务是档案馆（室）根据利用者的提问，建立咨询记录，解答咨询问题的一种服务方式。档案咨询服务不是随意解答，而是在对咨询者提出的问题进行认真分析研究的基础上进行，其步骤和方法如下。

（一）接受咨询问题，并做好记录

对利用者提出的问题能够做出清楚、明确的回答，就可以直接回答；有些问题比较复杂或需要查找相关资料佐证，就不能贸然回答。在后一种情况下，可先填写档案咨询登记表，待分析、研究后再做回答。

（二）研究分析咨询问题

接受利用者咨询后，要认真分析、研究，特别是接受了较大型的咨询题目后，就需要组织档案馆（室）相关人员共同研究，协作制订工作方案，使咨询工作有计划地进行。

（三）查找档案材料

根据对咨询问题分析研究的结果，明确查找档案的范围、方法，查找相关的档案材料。

（四）答复咨询问题

根据查找到的相关材料回答咨询者的问题。答复的方式可根据具体情况而定，简单问题可直接口头答复，也可提供档案复制件，复杂问题还需要以档案为依据提供有关事实、数据,用书面形式答复。

(五)建立咨询档案

档案馆(室)对已经答复或未能答复的咨询问题应当建立咨询档案,将相关材料,包括咨询问题、各种咨询服务工作的过程及结果等材料汇集起来加以保存,以备今后工作查考。

四、开放档案

开放档案是档案利用工作的重要内容。根据 1987 年颁布的《中华人民共和国档案法》的规定,各级各类档案馆应当向社会开放保管期满 30 年的档案。

(一)开放档案应当具备的条件

1. 物质条件

包括阅览条件、复印条件等。

2. 检索条件

包括开放档案目录、数据库等。

3. 制度条件

包括开放档案的利用要求、利用方式、利用手续等。

(二)开放的档案应当经过鉴别

1. 确定开放期

根据《档案法》的规定,我国档案的开放期一般为自档案形成之日起满 30 年;有关经济、科学、技术、文化等类别的档案,开放期可少于 30 年,而内容涉及国防、外交、公安、国家安全等国家重大利益的档案,不受 30 年期限的限制,可适当延期向社会开放。档案馆应根据《档案法》的规定确定到期应开放的档案。

2. 开放档案的鉴定

各级档案馆对已到开放期的档案,应当组织开放档案鉴定小组,及时、认真、负责地开展鉴定工作,通过鉴定,将可以向社会开放的档案编制成开放目录,及时向社会公布,允许普通公众到档案馆查阅。

3. 开放档案的数字化问题

档案数字化是指对纸质档案进行数字化加工处理,使其在保持纸质档案内在联系的基础上，转化为存储在硬盘、U 盘等载体上的数字副本，并按照纸质档案的内在联系，建立起与目录数据和元数据的可靠关联的处理过程。经过鉴定可以开放的历史档案的数字化是当前档案馆工作的一项重要内容。为了提高历史档案的利用率，应加大力度开展历史档案的数字化工作，通过网上传输，让更多的人了解档案、了解历史。

第五章 科技档案管理

第一节 科技档案的收集工作

一、科技档案收集工作的内容

科技档案的收集工作，是指档案业务部门按照一定的原则和方法将科技档案集中保存的一项工作。

科技档案的收集工作按收集工作的层次划分，主要有两方面的内容：基层档案机构采取一定的原则与方法收集科技部门移交的科技文件，科技档案馆采取一定的原则与方法收集基层档案部门移交的科技档案。这两个层次的收集工作在主体与对象上是有所区别的。

二、收集工作的方法

（一）接收

基层档案机构按归档制度规定接收科技部门移交的科技文件材料及科技专业档案馆按进馆范围的规定接收基层单位移交的科技档案，是收集工作的主渠道，也是主要的一种收集方法。档案室、馆的绝大部分库藏科技档案是通过这种收集方法收集进来的。

（二）补收

对归档制度与进馆范围内无规定，或有规定但当时尚未收集齐全的对象，或由于科技对象变化形成的文件材料予以补充收集，这是对正常接收方式的一种补充形式。其与接收不同的是，其由档案机构人员深入基层或现场直接收集。

（三）征集

指档案部门对社会上散存而重要档案的收集。由于各种原因使得社会上散存有对国家和社会具有保存价值的档案，档案部门通过征集方式对这部分科技档案取得所有权或保管权。例如对反映本地区发展历史的重要声像档案资料以及党和国家领导人来本地区视察、调研的声像档案的征集。该收集访求对档案馆是一种重要的收集方式，收集的对象可以是原件，也可以是复印件。

（四）征购

指档案部门通过有偿收集的形式取得对收集对象的所有权。征购对象一般是具有典型或更大意义的科技档案，如流失在社会上的地图、典型建筑施工图等重要档案。

（五）代保管

为了维护档案的安全，由档案部门对非馆藏档案实行代保管，档案部门对代保存对象具有保管权，没有所有权和使用权。

接收是档案室（馆）的最主要收集方法，补收是档案室、馆收集工作的一种重要补充，征集、征购、代保管是档案馆收集工作的常见方法。征集、征购、代保管的对象主要是对国家和社会具有保存价值的科技档案，多是具有标志性、典型性意义的历史或现实性的事件、人物等形成的档案，它们价值珍贵、数量稀少。如国家领导人题词、著名科技人物事迹、家谱、标志性事件、流失在国外的部分档案等。

三、收集工作的意义

（一）执行科技档案工作的基本原则

科技档案工作基本原则的核心是集中统一管理，要求对科技档案实体进行集中统一管理。基层档案室、科技专业档案馆通过收集对本单位、本系统重要科技档案实行相对集中保管，是执行基本原则最重要的举措。如果没有这两个层次的集中，对科技档案的集中统一管理就是一句空话。换言之，能否认真做好科技档案收集工作，是关系到科技档案工作基本原则能否得到落实的重要体现。

（二）开展科技档案业务工作的基础

收集工作是科技档案业务工作的起点，对整个科技档案工作具有基础性意义，科技档案的整理、鉴定、保管、利用工作无一不以科技档案为工作对象。库藏建设是档案工作的百年大计，以利用而言，贫穷的库藏对利用者是没有吸引力的，而收集工作正是丰富馆藏的必由之路。

（三）标志事物属性变化

收集工作不仅表示收集对象存放场所的改变，而且标志其属性的变化。基层档案室的收集标志着文件属性的变化，由现行科技生产活动的依据转变为科技生产活动的历史记录，科技文件材料由现行性转到历史性。科技专业档案馆的收集标志着档案属性的变化，由单位所有变为社会财富。收集对象属性的变化对科技档案的管理观念、工作方法、工作性质将带来一系列影响。文件具有档案的属性，就要求按档案的管理方法、原则对其进行管理，例如：要实行集中统一管理或按专业统一管理；科技档案具有社会属性，就要面向社会开放利用。因此，归档接收或进馆接收不单是个时间概念，就文件或档案的运动过程而言，是事物不同运动阶段的分水岭的一个显著标志。

（四）维护国家和企事业单位利益的需要

其实科技档案收集工作的意义远非如此。一方面科技档案是反映国家与社会历史面貌的一个缩影，保存档案实际上就是保存历史，就是保存国家文化遗产，是维护国家与社会历史面貌的需要；另一方面科技档案中有大量涉及国家、企事业单位利益的内容，对有关档案通过收集实行统一保存，也是维护国家和企事业单位利益的需要。如果有关科技档案散存在部门或个人手中，对它们的保密与利用都会处于失控状态。

四、科技档案收集工作的要求

基层档案部门在进行科技档案的收集时，应该注意以下几个问题：

（一）认真贯彻集中统一管理科技档案的原则

集中统一管理科技档案是《档案法》的明确规定。在任何机关团体、企事业单位内部，科技档案都应该由档案部门实行集中统一管理，而不能分散保存在各业务技术部门，这是国家全部科技档案实现集中统一管理的基础。集中统一管理，这是做好科技档案收集工作的根本指导原则。检验科技档案收集工作的首要标准是：是否贯彻了集中统一管理原则，对档案是否实行集中统一管理。

（二）要遵循科技档案的自然形成规律

科技档案是在各项科技、生产活动中，伴随着科技生产活动的进行自然形成的。而科技档案的收集工作是一个承前启后的环节，对于基层档案部门的收集和接收归档来说，它衔接着科技、生产活动和科技档案工作活动，因此各单位制定的有关收集工作及科技文件资料的制度，必须符合科研、生产、建设活动的规律，要根据科研、生产、建设活动的工作程序和科技文件材料形成过程，具体规定归档范围、归档时间，这样才能既做到集中统一管理，保证科技档案的完整与安全，又不影响现行工作的使用。

（三）要保证科技档案的完整、准确

完整、准确，是保证科技档案质量的关键。完整、准确的科技档案，可以充分发挥凭证、查考作用和科技储备作用；而不完整，特别是不准确的科技档案，其价值不仅会大大降低，而且在许多情况下，会影响其凭证、查考作用的发挥，有时甚至会起相反的作用，给工作造成损失。所以，科技档案的收集工作，必须高度重视科技档案的完整性和准确性。这是保证科技档案收集工作的关键。

五、基层科技档案的收集工作

根据上述科技档案收集工作的内容、方式和原则，基层档案部门收集工作的任务就是把对本单位有保存或继续使用价值的有关档案收集齐全。具体收集方法主要有以下几种。

（一）按归档制度规定接收归档

按归档制度规定接收科技业务部门移交的科技文件是基层档案部门收集工作的最基本方法，也是丰富库藏的最主要途径。

接收对象：一项科技生产活动结束后形成的全套文件；科技生产活动发生中断，已形成的具有保存价值的文件；协作单位应移交的科技文件等。接收归档具有明显的定向特征与时间特征。

1.定向、定内容接收归档

一个单位的科技生产活动一般总是按部门或分专业进行的，由此决定了不同部门或不同专业会形成不同类型的科技文件，从而形成了科技文件归档接收的定向定内容的特

征。例如设备文件一般产生在设备部门，基建文件一般产生于基建部门。为了做好收集工作，档案部门应了解本单位科技生产活动范围与职能部门的分工，有针对性地确定收集的方向与对象。

与外单位进行的协作项目，若本单位是主持单位，即有向协作单位收集的任务。在基建项目中，总承包单位有向分包单位收集的任务。

2. 抓住关键阶段或环节接收归档

接收归档时应抓住科技对象的关键阶段或环节进行。

（1）机械产品档案

一个典型机械产品生产的全过程包括市场调研、设计、研制、样机鉴定、定型或批量生产等几个阶段，若采取项目结束后一次归档，应抓住产品定型或批量生产阶段；若对形成的科技文件采取分阶段归档，应抓住样机鉴定、定型或批量生产这两个阶段。

样机鉴定阶段收集的重要性在于，在此之前形成的设计文件不定型，在试制过程中修改较为频繁，样机出来后产品设计文件基本稳定；而进行样机鉴定的必要条件之一是要有完整、准确、系统的设计文件，这是进行样机鉴定不可缺少的依据性条件。科技业务部门为了进行样机鉴定，自然会准备若干套完整、准确的设计文件供专家审阅，因而样机鉴定阶段往往构成了机械产品文件收集的关键阶段之一。即使在该阶段不对设计文件归档，档案部门也应提前介入检查有关文件的积累状况。

产品由样机设计到定型或批量生产，会有一批工艺文件产生并定型，如工艺方案、工艺规程、专用工艺设备设计图、原材料物资消耗表等，这是日后进行批量生产的依据。设计文件与工艺文件是机械产品档案的主体，这两个阶段自然也就构成了机械产品档案收集工作的关键阶段。

（2）基建档案

建设单位保存的基建档案是以竣工图为主体的一套科技档案，又称工程建设档案。一项基建活动往往要经过立项、设计、施工与竣工验收四个阶段，对前面两个阶段形成的文件可采取随时归档的收集方法，如项目的依据性文件、管理性文件等。由于基建档案的主体部分竣工图要在工程全部结束后才能完全形成，因此工程验收阶段就成了基建档案收集的关键阶段。包括施工文件、竣工文件的工程建设档案，施工单位都应在此阶段向建设单位一次性移交。为了能切实抓住这一关键阶段，一是要督促施工单位对竣工图的编制要与工程项目同步进行，及时做好每一项工程的竣工图；二是应在工程验收前对竣工档案进行验收，若发现不符合要求要及早采取补救措施，待竣工档案完整、准确后方可进行工程验收。如果没有上述措施，抓住工程竣工验收阶段也只能是一句空话。

（3）设备档案

设备档案的接收有三种情况：一是同土建工程连为一体的设备，收集关键阶段与基建档案相同，在竣工验收阶段验收工程建设档案时同时验收设备档案；二是自制设备前期文件收集与机械产品档案，在样机鉴定阶段验收有关的设备文件；三是外购设备的设备档案的收集，投入使用前抓开箱验收环节与安装调试完毕阶段，投入使用后抓设备大修或技术改造完毕阶段。开箱验收环节收集随机文件时，应做到开箱文件先归档后使用；安装调试阶段会形成大量文件，调试结束时有关验收、调试记录应归档保存；认真做好设备大修记录或技术改造文件归档是设备档案现实性的重要保证。

（4）科研档案

科研档案接收的关键阶段是课题鉴定验收阶段。在该阶段科研文件基本齐全、定型，且成果鉴定的必要条件是要有完整、准确的科研文件。成果鉴定后将成套科研文件归档，是收集科研档案的最佳时机。

（二）采用多种结合方式收集

归档接收是基层档案部门收集科技档案的基本方法，为了保证库藏科技档案的完整性，还应同时采取多种适合的方式进行收集。

1. 档案部门与计划管理部门相结合

为掌握收集工作的主动权，档案部门应当与计划管理部门实现有机结合。例如某设计单位每年年初计划部门将新一年度的工程设计项目一览表印发给档案部门，表中记录有项目名称、承接单位等内容。档案部门据此表可以了解本单位在这年中所接项目的数量与分布，到年底据此检查项目的归档情况。相反，假如没有这个一览表，档案部门的收集工作就会处于盲目、被动地位。又例如某企业实行"五联单制度"，规定凡用厂内资金进行的技改或基建项目一律开具五联单，其中一联交档案部门。这样档案部门就能了解厂内科技生产活动动态，主动采取措施强化收集工作。档案部门与计划部门相结合，实际上是把科技档案工作纳入企业生产管理系统的一种体现。

2. 接收归档与现场收集相结合

现场收集是指档案人员深入现场、车间、科室进行的收集工作，如对归档接收中发现不完整的文件，或需要深入到现场收集的文件。接收归档与现场收集都应重视，在档案工作基础不好的单位，或对重大项目文件的收集，现场收集显得尤为重要。

3. 定期收集与随时收集相结合

定期收集主要是指按年度收集或项目结束后的收集；随时收集是指包括单位机构撤并、企业整顿、保密检查、人员调动等情况下的随时收集，发现需归档文件随时随地收集。

4. 无偿收集与有偿收集相结合

无偿收集主要是对本单位科技业务部门形成的科技文件收集；有偿收集是指对本单

位职工非职务发明，或对散存社会上的有关重要档案的征购、征集。

5. 内部收集与外部收集相结合

为维护科技档案的完整性，向外单位进行收集是必要的。例如由于各种原因本单位工程项目的基建档案不完整，可以向原设计单位复印蓝图替代不完整的施工图；为设备维修的需要，向设备的生产厂家复印有关图纸。又例如企业供应商档案、客户档案、市场出售档案等，在市场竞争的环境下，这些档案信息对企业也是至关重要的。

6. 正常收集与特殊收集相结合

有的科技人员受利益的驱动，或担心成果被入无偿利用，对有的关键材料不愿归档或私自"留一手"。这种情况下仅靠常规收集方法是难以奏效的，有必要采取特殊的收集方法。例如有的企业采取密封归档的方法，当封闭或开启有关案卷时需有关领导、科技人员在场；有的企业制定了《核心档案的确定、归档和借阅办法》，对核心档案采取特殊收集与管理办法，以消除科技人员的后顾之忧。

由于科技生产活动的多样性及各单位实际情况的不同，各单位大都有一套符合本单位情况的收集方法，广大档案人员在这方面创造了十分丰富的经验。上述所列举的接收归档方法中的现场收集、随时收集、有偿收集、特殊收集等方法只是这些经验中的一部分。

六、专业档案馆的收集工作

专业档案馆的设立是档案工作管理体制的重要内容，它在整个科技档案工作中具有举足轻重的作用，随着档案馆馆藏的丰富终将会显示出其在历史研究与现实利用中的主体地位。

（一）进馆范围及其确定的原则

按馆藏内容划分，科技专业档案馆目前主要有部门档案馆、专门档案馆两大类型。由于功能的不同，它们在进馆范围上是有所区别的。

1. 部门档案馆

部门档案馆指专业主管机关设立的档案馆，它可以是中央级的，也可以是地方级的，部门档案馆主要是收集本部门及其直属单位形成的有关档案和资料。鉴于科技专业活动的多样性，不同的部门档案馆的具体进馆对象是截然不同的，但在总体上可以由以下原则确定进馆范围：

（1）专业原则

部门档案馆是本专业系统永久保存档案的基地，是面向社会提供专业科技信息的中心；由此决定"有关档案与资料"是指能够反映本专业发展历史面貌与进程的专业科技档案与科技资料。例如，气象档案馆主要收集气象部门的气象观测、气象预报和气象业务技术活动中形成的专业科技档案与相关专业科技资料。在进馆范围上既不包括部门在行使国家行政管理职能活动中形成的党政领导和行政管理方面的档案，也不包括与本专业关系不密切的设备、基建等科技档案。

（2）价值原则

部门档案馆主要是保存对国家与社会有保存价值的专业科技档案，在满足部门档案馆性质与任务的前提下，主要是保存有长久保存价值的档案，并非所有与专业有关的科技档案都要进馆。其衡量的依据是专业档案在历史研究与现实利用中的价值。由此，在确定进馆范围时，一是不能完全以技术水平的高低来评判，凡在专业各个发展阶段有代表性的科技档案，不管技术水平的高低都要进馆；二是要避免馆藏重复，选择与专业密切相关的或有代表性的产品、设备、基建档案进馆；三是进馆对象应是对国家和社会有长久保存价值的档案。

（3）分级保存原则

部门档案馆的保管对象是"本部门及其直属单位"的有关科技档案，在中央级、地方级档案馆及直属单位档案部门间应有合理的分工。中央级部门档案馆主要是保存本部门及中央直属单位的有关科技档案，地方级部门档案馆主要是保存本部门及直属单位的科技档案，直属企事业单位保存本单位形成的全部科技档案。由于用途的不同，它们三者的保存对象在档案的价值与内容构成上应有所区别。一般而言，越是基层单位，其科技档案的成套性构成越全面；档案机构级别越高，其档案保存价值越大。

2. 城建档案馆

在《全国档案馆设置原则与布局方案》中，将档案馆分为各级国家档案馆、部门档案馆、企业事业单位档案馆三类，城建档案馆属专门档案馆，划归"各级国家档案馆"序列。该文件规定"大中城市设置城市基本建设档案馆，收集管理有关城市规划、建设的档案及城市管理方面的具有永久保存价值的档案或档案复制件及有关资料。城建档案馆的进馆范围与部门档案馆的进馆范围有一定的共性，它在内容上都属科技档案的范畴，确定进馆范围时可考虑下述原则：

（1）坚持满足城市可持续发展的原则

城建档案是城市范围内在城市规划、建设和管理活动中形成的有关城市面貌、建筑物、地上地下管线、城市管理等活动的历史记录。在内容构成上包括城市规划档案、城市建设档案和城市管理档案，在来源上有来自城建系统与非城建系统之分。从满足城市可持续发展角度看，不管来自何系统的有关城市规划、建设、管理的重要历史记录均属进馆范围。

城市规划档案是城建档案的主体。城市规划包括总体规划与详细规则。总体规划包括城市性质、发展规模、城市建设标准、建设用地布局、功能分区、综合交通体系等规划，详细规划包括建设用地、水、煤、电、通信、道路等规划。

城市建设档案是城建档案的重要内容。城市建设包括城市主体建设、基础设施（市政工程、公用事业、环境保护、园林绿化等）、附属工程（住房、教育、商业、文化等），这些项目形成的竣工图是城市建设档案的核心。

城市管理档案是对城市规划、组织、协调和监督管理活动形成的档案，如房地产管理档案。这些档案也是城市持续发展不可缺少的依据。

（2）坚持价值原则

从城市持续发展角度看，有关城市勘探、规划、设计的资料是最重要的内容，但正是这部分档案进馆较难，目前它们的大部分都还保存在原形成单位。城市建设档案的进馆情况相对较好。实际上城市建设活动中形成的档案并非都要进馆，进馆对象主要为：一是对全市具有重要政治、经济、军事或纪念意义的工程建设档案，例如银行、机场、火车站、电台、通信指挥所、大型配电站、电厂、煤气厂等工程项目的竣工档案；二是地上地下管线与地下建筑，例如供水、排水、电缆、电力、工业运输管道、地铁、人防等工程建设档案；三是工程建设档案应以竣工图为主，不必是全套基建档案；四是在城市建设与改造中反映城市风貌、历史面貌变迁的声像档案。总之，城市建设档案中进馆对象应是对国家和社会有永久保存价值的那部分城建档案。

（3）坚持分级管理的原则

城建档案馆、主管单位、建设单位三者在保存档案的重要程度与内容构成上应有所区别。城建档案馆主要是保存有全市意义的，具有整体性、综合性的档案或复制件；专业主管机关主要是保存本系统的需要长久保存的重要档案；建设单位则保存本单位形成的全部科技档案。不适当划分它们之间的区别，往往会造成不必要的浪费，并对档案管理产生不利的影响。

（4）坚持综合原则

包括部门档案馆在内，有关技术资料亦应列入科技档案馆的进馆范围，否则科技专业档案馆不足以形成科技信息的储备中心和利用中心。城建档案馆馆藏实际上是以科技档案为主体包括城市管理、城建资料等内容的档案综合体。

（二）进馆制度

科技档案馆的收集工作方法有接收、征集、征购馆、代保管等，在接收进馆上主要有三项进馆制度。

1.无偿进馆制

凡属进馆范围规定的进馆对象，各有关单位应无偿向档案馆移交。这一进馆制度是科技档案馆收集工作的主渠道。例如在城市建设档案中凡属进馆对象无论何种所有制的形式，有关单位都应向城建档案馆移交。这一制度体现了馆藏档案是社会财富的思想。

执行无偿进馆制时是有对象限制的，有的档案可以无偿进馆，但有的档案须按征集、征购或代保管形式进馆，应注意收集工作中的法律与知识产权问题。

2. 相关单位主送制

为避免馆藏重复，不同种类或同一类项目的科技档案按国家或有关主管部门的规定分别确定主送单位，主送单位报送不足的由其他单位补送，科技档案馆不实行普遍进馆制。

3. 有关单位补送制

为反映进馆对象的发展变化，科技档案原移交单位根据已进馆项目的变动情况，应向档案馆补送相关的科技档案。这一制度是由科技档案的现实性特点所决定的，目的是保证馆藏档案的完整性、准确性。

上述进馆制度无疑是科学的、正确的，但如何落实是值得研究的问题，尤其是在市场经济体制下如何处理好有关方面的权益。如馆藏档案的所有权问题、利用中维护知识产权的问题、城建档案馆如何收集城建规划与城市管理档案进馆的问题、丰富馆藏资料的问题、建立补送制的制约机制的问题等都值得研究。这些问题若不能妥善得到解决，欲实现丰富馆藏与档案馆功能都是有一定难度的。

七、产权重组与流动档案的流向

科技档案收集工作，适合在正常情况下的收集，当企业产权发生重组与流动时，档案的收集与接收情况会有所不同。在市场经济体制下，为优化配置社会资源，企业间产生兼并、重组、出售、破产的情况是经常发生的。在企业产权重组与流动中做好有关档案的收集工作，是有关企业档案工作中的一项重要内容。

（一）国有企业产权变动中档案的流向

为了确保国有企业产权改革中档案的完整与安全，防止国有企业档案的损毁和流失，国家档案局、国家国有资产管理局《国有企业资产与产权变动档案处置暂行办法》对破产国有企业档案处置提出以下办法：

第一，基建档案、设备仪器档案随其实体归属。

第二，产品、科研档案按有关政策法规办理，没有规定的由双方协商处理。

第三，国有企业之间兼并的，被兼并企业的档案属于兼并企业或新设置的企业，由兼并方统一管理。国有企业整体出售给国有企业，其全部档案属于买方。

在企业产权变动与重组中，有接收档案任务的企业，应按有关规定做好对有关档案的接收工作。

（二）国有破产企业档案的流向

第一，破产企业属产权范畴的科研、基建、设备、产品档案随产权的变更而转移，其他档案应当移交给企业主管部门管理，无企业主管部门的应当按管理权限移交给市或区县综合档案馆代为保管。

第二，破产企业被拍卖的记载国有资产的档案须经资产评估后转让给对方；企业党群工作、行政管理、经营管理档案及会计档案等不需要转让的移交给企业主管部门管理，或由市、区县综合档案馆代为保管。

第三，破产企业产权出让给中外合资、合作企业的不需转让的档案可移交原企业主管部门管理。

第四，破产企业档案清理移交工作应当与国有资产清算移交工作同步进行。在企业资产评估中应当包括记载企业无形资产的档案。

第五，下列破产企业的档案应当由市或区县综合档案馆无偿接收：企业历史悠久，且在本市、本地区的工商企业发展史上有一定影响的单位的破产企业档案；新中国成立前企业的历史档案已经被市或区县综合档案馆接收进馆的破产企业档案；企业在社会主义经济建设中，对本市、本地区经济建设曾起着重要影响并具有一定地位和作用的破产企业档案。

（三）外商投资企业变更、终止时档案的流向

为加强对外商投资企业的档案管理工作，有效保护和利用档案，维护企业的合法权益，国家档案局等有关单位颁发了《外商投资企业档案管理暂行规定》。其中，对外商投资企业终止、解散等情况的档案处置做了原则规定：

首先，外商投资企业期满、终止、解散时，中外合资、合作经营企业的档案应移交中方合资、合作者保存或向所属市、区、县档案馆移交。

其次，外资企业如延长期限、分离、合并等变更的，该企业的档案向变更后企业移交；如期满或依法宣布破产的，有保存价值的档案，移交上级主管部门或市、区、县档案馆；如因违反法律、行政规章被依法责令关闭的，按照有关机关的决定处理，原企业根据需要可保存有关档案的复制件。

再次，外商投资企业资产与产权，档案的处置办法按《国有企业资产与产权变动档案处置暂行办法》中的有关条款的规定办理。

以上就收集工作的原则与方法做了大体介绍，但实际收集工作并非如此简单。按照科技档案的含义，它应是科技生产活动的历史记录。按归档范围或进馆范围规定的收集对象进行收集，这只是"历史记录"的一部分，我们在收集工作中首先要把它们收集齐全，

尤其是其中的核心文件。其次应按能否反映本单位或本系统科技生产活动的基本面貌为检验标准，主动地、多方位地进行收集，真正使科技档案成为科技生产活动历史的缩影，让档案留住历史。

第二节 科技档案的整理工作

整理工作是科技档案管理工作的重要业务内容。只有经过系统整理和科学编目，才能使收集起来的科技档案处于有序状态，便于保管和利用。

一、科技档案整理工作的概念

（一）科技档案整理工作的内容

概括地讲，科技档案整理工作的内容就是由档案部门对收集来的科技档案，按照其形成规律和特点，进行科学分类、系统排列及编目的工作。

从一个科技项目的文件材料形成和运动的全过程来说，它的整理工作是通过两项工作过程来完成的：

第一个过程，在科技文件形成以后和归档以前，由科技业务部门，即科技文件的形成者，在科技档案部门的协助、指导下所进行的整理工作。其主要内容是对文件材料进行鉴别，将文件材料组成案卷，并对案卷进行基本的编目工作。

第二个过程，是在科技文件材料归档以后，由档案部门独立进行的整理工作（已不同于第一个过程中的整理工作），其主要内容包括：对收进的科技档案案卷进行科学分类、排列和编制科技档案号等工作。

科技档案的整理工作，包括系统整理和科学编目两部分。这两部分是紧密联系、不可分割的两项工作内容。不进行整理，案卷仍然是不系统的，也无法进行编目；只进行整理而不进行编目，整理的成果得不到固定，就无法建立库藏的秩序和进行检索调卷。

系统整理包括对案卷的分类和排列，以真实反映科技、生产活动的历史面貌，保持其有机联系为原则。科学编目包括编档号、编目录，用以固定案卷分类、排列的整理成果，揭示各类案卷内的文件内容和构成，归档前整理工作的有关内容在前面有关章节已做了详细的论述，这里主要论述归档后的整理过程，其中重点是科技档案分类。

（二）科技档案整理工作的原则

整理工作的原则是：遵循科技档案的形成规律，保持其间的有机联系，便于科技档案的保管、保密和利用。

整理工作实际上是对整理对象加以分门别类的工作。任何科技生产活动都有自身的发展规律，作为反映科技生产活动规律的科技档案，其具有自然性、成套性、动态性等形成规律。因此，在整理科技档案工作中遵循这些形成规律，实际上就是遵循科技生产活动的规律，不可能脱离科技生产活动本身而单纯地去研究科技档案形成规律。

科技档案间的有机联系是自然的，也是多方面的，它与科技文件之间的有机联系具有一定的共性，究其实质仍表现为客观事物的内在联系。客观事物有机联系主要表现在以下方面：

1. 客体对象的联系

表现为科技对象自身组成部分之间的联系。例如机械产品组件、部件与零件间的有机联系。

2. 工作程序的联系

表现为科技生产活动的阶段性。如一项基建工程的工作程序一般有立项、设计、施工与竣工验收阶段，它们之间具有必然的有机联系。

3. 专业的联系

表现为科技对象整体内专业间的联系。科技生产活动大多是分专业组织实施的，例如施工图设计中分总体、结构、通风、通信等专业，这些科技活动表现为密切的专业联系。

4. 事物性质的联系

表现为按事物的属性对其进行归类。同类事物间具有一定共性，例如工程项目按使用性质进行分类时，某一类项目具有共同的属性。

5. 时空的联系

表现为事物发展过程中的时空联系。科技生产活动总是在一定空间与时间范围内发生、发展的，如自然现象观察、生产工艺过程中的时间与空间的联系。

6. 来源的联系

来源指同一科技生产活动，或科技文件的形成单位，来源的联系表现为科技文件都来自同一形成者或同一活动。

总之，由于事物的相互联系是客观的、多元的，相应科技档案间的有机联系也是客观的、多元的。科技档案整理工作要求保持档案间的有机联系，不可能保持整理对象的所有的有机联系，而且也没有必要，这就要求我们认真研究整理对象内在有机联系的各种表现，从中找出最紧密的有机联系。

科技档案整理工作的直接目的是将科技档案条理化，最终目的是便于科技档案的保管、保密和利用。因此整理工作在遵循科技档案形成规律、保持有机联系的前提下，还要考虑保管和保密的需要，以实现有效利用这一最终目的。

（三）科技档案整理工作的做法

1. 不同种类的科技档案要分开整理

由于不同种类科技档案的产生领域与内容构成不同，它们各自的具体形成规律与有机联系的表现不同，分开整理便于遵循各自的形成规律和保持其间的有机联系。

2. 大类内以套为整理分类的基本单元

成套性是科技档案的重要形成规律，它在科技档案的整理、保管、利用工作中具有明显的规定与制约作用。按套整理能使科技档案外部界限清楚，内部联系紧密，充分体现出科技档案的形成规律。

3. 套内不同阶段、专业或来源等

科技文件应分开整理，以体现一套档案内科技文件间的有机联系。当要表现为阶段联系时，就按阶段分开整理；当要表现为专业联系时，就按专业分开整理。对前述科技文件组卷方法的选择，实际上就相应确定了卷内文件有机联系的范围与特征。

4. 卷内文件与案卷的排列

卷内文件与案卷的排列应体现出客观事物发展的过程与连贯性。案内文件的排列顺序体现了卷内文件的有机联系；案卷的排列顺序反映套内案卷的有机联系，案卷的排列顺序一般可按科技生产活动的程序或来源等方法进行。

5. 不同载体、不同密级、不同保管期限的文件

不同载体、不同密级、不同保管期限的文件应分别组卷。这一做法主要是为了保管、保密和利用的需要。例如同一套档案内的纸质文件与声像文件由于保管方法与要求的不同，可以分别组卷；套内的密级较高的文件可以单独组卷。

6. 对整理对象按预先编制的分类方案进行统一分类、编号和排架

在开始整理工作之前，应根据本单位科技生产活动的范围编制科技档案分类方案，对档案实行综合管理的单位应有综合分类方案。对案卷进行分类后通过编号、排架，固定整理工作成果，实体整理工作才大体告一段落。

二、科技档案的分类

科技档案的分类就是根据科技档案的内容性质、特点和相互联系，把一个立档单位内部科技档案划分成一定的类别，从而使全部科技档案形成一个具有一定从属关系和平行关系的不同等级的系统。对科技档案的科学分类，是管理科技档案的必要手段，是科技档案整理工作的核心内容。

（一）分类的要求

对科技档案的分类与对其他事物的分类一样，首先应遵循形式逻辑分类的一般规则，

其次应从客观事物的自身特点出发。

1. 应符合本单位或本系统的科技生产活动的实际

不同单位或专业系统由于科技生产活动的对象与范围的不同，相应形成的科技档案的种类、内容构成也不同。基层单位科技档案的分类是对库藏科技档案的分类，专业系统内对科技档案的分类是对本系统所形成科技档案的分类。因此在对科技档案进行分类时应有的放矢，必须结合本单位或本系统科技生产活动的实际进行。

2. 对同一上位类的划分，坚持用同一分类标准

对同一上位类的划分，坚持用同一分类标准，全面的说法应是"在同一单位或专业系统内，对同一种科技档案的同一层次划分，要采用同一分类标准"。

按《辞海》解释，分类"亦称归类。根据事物的同和异把事物集合成类的过程"，标准是"衡量事物的准则"。按此解释，分类标准可理解为衡量事物同异并集合成类的准则。

在分类要求中提出"同一单位或专业系统内"的要求，是为了限定"同一种科技档案的同一层次划分要用同一分类标准"的适用范围，在不同单位或专业系统内对同一科技档案的同一分类层次划分不一定要用"同一"分类标准。例如，某单位对设备档案类第一分类层次的划分以"来源"作为分类标准，在其他单位就不一定也要以"来源"作为分类标准，比如可以以"使用性质"或"使用单位"作为分类标准。

分类要求中提出"同一种科技档案"的要求，是说明对单位不同类科技档案的同一分类层次的划分可以采取不同的分类标准。例如，对基本建设档案类的第一分类层次的划分以"形成单位"为分类标准，而设备档案类则采用"来源"做分类标准。

分类要求中提出"同层次划分"的要求，是指对同一种科技档案同一层次划分而言的，同一种科技档案的不同层次的划分可以采取不同的分类标准。例如，基本建设档案类的第一分类层次用"形成单位"为分类标准，而第二个分类层次则采用"使用性质"为分类标准，不要求也不可能用一个标准对同一种科技档案分到底。

分类要求中提出"用同一分类标准"的要求，是对同单位内不同类科技档案的同一分类层次划分而言的。例如，对基本建设档案类的划分，不能同时采用"形成单位"与"使用性质"两个标准来对同一上位类进行划分，目的是为了防止同位类类目交叉。总之，提出上述四个"同一"的要求，是一个有机联系的整体，我们务必深刻理解、正确应用。

3. 分类应按逻辑规则从总体到局部，逐级进行

分类不能跳跃，应遵循从整体到局部按级进行。分类层次不宜过多或过少。层次太少则类目不清，对分类难以起到指导作用；层次太多则档号书写过长，不便记忆。具体划分几个层次，主要根据本单位科技生产活动的实际，要与档案的内容构成相适应，一般以 3 ～ 4 层为宜。

4. 在一个专业系统内，各单位应按本专业系统的分类大纲进行

专业系统内的有关单位，按专业系统编制的科技档案分类大纲进行统一分类，有利于实现分类的标准化。在专业系统内如果各单位都能按统一大纲进行分类，还能为将来

建立地区性或全国性专业信息检索中心提供有利条件，否则各单位各行其是，难以实现信息资源共享。

（二）科技档案分类方案的编制

编制一个合理和切实可行的科技档案分类方案，是分类工作的重要内容。科技档案分类方案，是对科技档案进行科学分类的依据性文件，每一个基层档案部门，都应根据库藏科技档案的实际情况，编制一个切实可行的分类方案。在编制分类方案时，首先，要了解和掌握库藏科技档案的内容构成和形成特点；其次，要确定明确的分类标准和分类方法；最后，设置科学、合理的类目体系，并以文字叙述或图表的形式将其表达出来。具体步骤如下：

第一，根据库藏科技档案的基本种类设大类，有多少种科技档案，就可以设置多少个大类；

第二，在每个大类中，根据科技档案的内容构成和形成特点，按照已确定的分类标准和分类方法，进行类系展开，设置相应的上位类和下位类，形成不同的类别层次，构成一个完整的类系；

第三，给每一个类目以固定的代字或代号；

第四，将形成的类目体系用文字叙述或图表的形式表达出来；

第五，撰写说明，指出分类方案的编制依据、分类标准、类目代字和代号的使用方法等。

（三）科技档案分类的基本方法

基层档案部门对科技档案的分类，应该在分类方案的指导下分两步进行；

1.按种类划分

将全部科技档案划分为产品档案类、基建档案类、科研档案类、设备档案类等。这是分类方案上的第一层分类。对于基层单位来说，其科技档案大类的多少，取决于这个单位科技档案种类的多少。

2.按科技档案划分

（1）工程项目分类法

在特定分类对象范围内，以工程项目为划分科技档案类别的基本单元广泛适用于对基建档案类、施工档案类、工程设计档案类的分类。该分类方法的特点是按工程项目集中档案，不打破项目的界限，能充分体现分类对象按工程项目成套的特征。

（2）型号分类法

在特定分类对象范围内，以型号为划分科技档案类别的基本单元，它广泛适用于产品档案类和设备档案类的分类。该分类方法的特点是按型号集中档案，能充分体现分类对象按型号成套的特征。

（3）课题分类法

在特定分类对象范围内，以课题为划分科技档案类的基本方法，它广泛适用于对科研档案类的分类。该方法的特点是按课题集中档案，不打破课题的界限，能充分体现科研档案类按课题成套性的特征。

（4）专业分类法

按科技档案内容的专业性质来划分其类别的方法，它广泛适用于标准化、通用化程度较高的行业对专业科技档案的分类，或按专业分工的单位对专业科技档案的分类，如建筑设计、工艺装备设计等活动中形成的科技档案。工程项目施工图设计一般是按专业分工进行的，查找利用档案也具有专业性特征。按专业分类有利于对专业性较强的科技档案的整理与利用。

（5）地域分类法

按科技档案的内容所反映的地域特征来划分其类别的方法，它广泛适用于地质档案类、水文档案类、气象档案类、地震档案类、测绘档案类、环境保护档案类、农业科技档案类等具有明显地域性特征档案的分类。该方法特点是按地域集中档案，对反映某一地域的科技档案按形成的地域特征相对集中，便于对有明显地域性特征的科技档案的整理与利用。

（6）时间分类法

按科技档案的形成时间或其内容反映的时间来划分其类别的方法，它广泛适用于气象、天文、水文等自然现象观察记录档案或具有明显时间性特征档案的分类。该方法特点是按时序将某一时间内形成的档案相对集中，既便于按时间特征查找利用档案，又能反映出客观事物发展变化的规律。

上述六种基本分类方法的共性是，对科技档案的分类遵循了科技生产活动的规律。我们研究科技档案的分类，不能仅从档案自身出发，应当以相应科技生产活动的特点与规律为分类依据。上述工程项目分类法、型号分类法、课题分类法中曾多次提出了按套整理的问题，体现了以套为分类的基本单元的思想，而科技档案的成套性正是由科技生产活动的特点所决定的。因此讲到科技档案分类的基本方法，归根结底是由相应科技生产活动的特点与规律决定的，通过对科技对象的分类来决定相应科技档案的归属。

如果说科技档案分类的基本方法不限于对科技对象大类内的划分，从广义上讲科技档案分类的基本方法还应包括科技档案种类的划分，以及按科技档案外部特征对科技档案的划分，如按载体形式分为纸质档案、声像档案、电子档案、底图与蓝图等。

（四）科技档案分类方法的实际应用

对于科技档案的基本分类方法，在实际应用时，可以根据具体情况，采用基本的分类方法，并结合其他特征进行分类。按照科技档案的主要种类分别介绍如下。

1. 产品档案的分类

产品档案的种类繁多，包括机械产品档案、轻纺产品档案、电器产品档案等。其最基本的分类方法是按照产品型号进行分类即型号分类法。此外，还有其他一些具体分类方法，如十进分类法等。

（1）型号分类法

以一个型号产品的科技档案作为分类单元，对产品档案进行具体的类别划分。产品档案之所以适宜用型号进行分类是因为型号本身就是分类结果和分类的体现。所谓产品型号，是表示产品的品种性能、规格、技术参数和结构特征的代号。因此，按照型号对产品档案进行分类，实际上就是按照产品的品种、形式和使用性能等特征，对产品档案进行的科学分类。如我们对通用机床产品分类。首先，划分出车、铣、刨、磨床等，再在车床产品中按型号划分成 C 616、C 620、C 630 等不同型号产品。

（2）十进分类法

同前述型号分类法不同，十进分类法突破产品档案的型号、成套界限以及产品内部的隶属关系，把产品件、零件的科技档案，按其特征、结构或用途，以十进制的方法划分类别。

十进分类法的特点有二：第一，打破产品型号界限，不考虑产品组成部分之间的隶属关系；第二，突破企业之间的界限，按事先规定好的十进制分类表，实行同行业统一分类，因此，按专业实现了产品档案分类标准化。

十进分类法，目前多运用于产品零、部件通用性比较强的电器、仪表等产品。

2. 基建档案的分类

（1）性质—工程项目分类法

当按性质为分类标准对工程项目进行分类时，分类范围不同，所分的类目名称亦不相同。

（2）流域（地域）—工程项目分类法

一般适合大型水利规划设计，或工程项目具有明显地域特征的基建档案的分类，例如以大江、大河的每一个流域作为一个属类，在每一流域内再按工程项目分类。

3. 科研档案分类

科研档案适用于按照课题法进行分类。由于科技研究活动一般都是在专业范围内分课题进行的，而且许多科技研究单位的科室机构设置也是按照专业划分的，所以科研档案较常采用的具体分类方法是：专业—课题分类法。

以农业科研档案也例，一般可以先将档案材料划分若干专业类。然后，在每个专业大类下，根据情况还可以按小专业、作物种类或其他特征，进行具体的类别划分。

4. 设备档案的分类

设备档案分类的基本方法是按型号分类，同样，在具体分类时还需要与其他分类方法结合使用。

对设备档案的分类，如同对产品档案的分类一样，实际上是对产品或设备自身的分类，即先对设备进行分类，再由此确定相应设备档案的归属。常用的分类方法有以下几种：

（1）性质—型号分类法

性质－型号分类法适用范围较广，先对设备档案按使用性质分类，分类层次视设备的具体情况决定；分类中先用"使用性质"为分类标准进行划分，再按型号进行分类。

分类方案中有三个层次的分类用十进制分类，普遍推广该分类方法有利于实现分类的标准化，上海有的企业已采用这种统一分类的分类方法，对相应设备档案进行分类。

应用使用性质对设备进行分类时，当使用设备情况不太复杂时，根据企业使用设备情况的不同，亦可以自行分类。例如，有的企业按使用性质将设备分为专用设备类、通用设备类、仪器仪表类和办公设备类，有的企业分为金属切削设备类、锻压设备类、传动设备类和运输设备类等。在运用性质—型号分类法时，为了解决同一型号有多台设备的问题，有的企业采用加"固定资产号"的做法，采取"性质—型号分类法—固定资产号"的分类模式。

（2）来源—型号分类法

对设备先按来源分，再按型号进行分类。例如将设备按来源分为进口设备、国产设备与自制设备。

（3）使用单位—型号分类法

使用单位可以是车间或分厂，先按使用单位对设备进行分类。例如，某化工厂先按生产车间分为洗衣粉车间、肥皂车间、清洁剂车间，每一车间内再按设备型号进行分类。

（4）工序—型号分类法

上面三种分类方法一般适用于对单体设备的分类，对生产工艺或工序连续性较强的流水作业设备，如煤气厂、化工厂的设备可采用工序—型号分类法进行分类。

三、科技档案的编号

科技档案号，是指保管单位的编号或代号。它是档案部门用来反映科技档案分类层次和保管单位排列顺序的一组符号，是科技档案分类号和保管单位顺序号的组合体。

科技档案号起着固定整理成果、反映分类和排列次序、便于保管和查阅科技档案的作用，是管理科技档案的一种工具，是基层档案部门管理科技档案的一种语言符号。

（一）科技档案号的编制要求

首先，科技档案号，要反映科技档案系统整理后的科学秩序，同科技档案的分类方法和分类方案的结构层次相一致。

其次,科技档案号,由代字和代号组成。代字使用汉语拼音字母,代号使用阿拉伯数字。

科技档案的代字、代号,是一定类别和内容的代称。因此要赋予代字、代号以确定的含义。在一个档案室内,一个代字只能代表一种科技档案。比如,以汉语拼音字母"C"代表产品类,就不能用"C"再代表其他类别的档案。

最后,科技档案号应力求简明,不要过于复杂烦琐(最好设置三个层次)。

(二)科技档案号的编制

科技档案号的设计,是和编制科技档案分类方案同时进行的,而具体地为每一保管单位编制和填写科技档案号,则是在科技档案分类和排列之后进行的。

第一种是编制同科技档案分类有关的代字、代号表。当科技档案分类方案中的各个类目,按照分类的类别层次和类目之间横向关系被排列成科学的类目体系之后,就要对其各类目进行代字或代号的编制设计工作。这种科技档案类目代字或代号,同时也就是科技档案号中的基本代字和代号。科技档案种类代字,第一种是以汉语拼音字母充当。如以"J"代表"基建档案"。因此,我们可以把基建、设备、产品、科研档案编制成下列表格。

表 6-1 以声母为代字的科技档案种类代字表

序号	科技档案种类名称	代字
1	基建档案	J
2	设备档案	S
3	产品档案	C
4	科研档案	K
...	...	...

第二种代字方法,不是采用汉语拼音的声母,而是按照英文字母的自然排列次序分别代表科技档案的各个不同种类,即在科技档案种类的排列次序确定后,依次冠以A、B、C、D、E等代字。这种代字方法的缺点是从代字本身不能看出具体的科技档案种类,不如前一种代字方法易于辨认;其优点是使用起来不发生困难,不必为选用代字苦思冥想。

四、科技档案的案卷排列

科技档案案卷排列是科技档案实体整理工作的最后一道程序,科技档案的分类、编号工作最终以案卷排列予以固定方告一段落。下面就排列要求与方法做一介绍。

科技档案排列的基本要求是,排列方法应与整理分类的顺序相一致。科技档案实体分类与编号的直接目的是解决案卷的排列问题,因此科技档案的排列顺序理所当然地应按分类方案的顺序进行。科技档案的排列与排架方法有密切关系，按照科技档案号的编制方法，相应有两种排架方法。

（一）分类排架法

科技档案案卷的排列完全按分类方案的顺序进行。这种排架方法是使用最为普遍的方法。其优点是：科技档案类别清楚，按类分别排列；每一大类内按套集中，以套为排架的基本单元；套内案卷按照档案号中的案卷顺序号顺序排列。不足之处是，在相应属类后须留一定的空格，否则会增大"倒架"劳动。

（二）流水排架法

流水排架法分为大流水排架法与分类流水排架法。

大流水排架法，完全按案卷入库先后顺序排架，案卷只编制大流水号。这种排架法局限性较大，一般不宜采用。如果是采用大流水排架法，应以目录的分类代替档案实体的分类，即案卷排架时不分类，但在管理中应对案卷目录进行重新分类，用目录的成套性管理代替实体的成套性管理，否则很难实现科技档案的科学管理与有效利用。

分类流水排架法，先对科技档案进行大类的划分，在每一大类内按入库顺序流水排架。这种方法的优点是：与分类排架法相比较，每一属类后的柜架上无需留空位，大类内按项目入库时间顺序依序排列；与大流水排架法相比较，类目较为清楚，不打破项目档案的成套性。采用这种排架方法时，应按套建立分类目录，当一套档案不是同时入库时，在目录中应体现出成套的内容构成。

五、科技档案检索工具的编制

科技档案检索工具，是指揭示科技档案的内容与外形特征，指引索取和组织科技档案传递交流的工具。其基本功能是：存储科技档案信息指引索取科技档案，组织传递交流科技档案信息。

下面介绍常用的手工检索工具的编制。

（一）总目录

科技档案总目录，是以保管单位（案卷）为著录对象，著录项目组成的条目按照归档时间先后顺序进行排列的一种目录。在用途上它主要起库藏管理作用。

一般情况下，科技档案在库房里往往按分类整理顺序排架管理，这时总目录只是库藏数量增减情况的登记账簿，如果科技档案在库房里是按照归档时间先后顺序排架管理的，那么它既是库藏管理的目录，同时也能起到辅助检索的作用。

（二）分类目录

科技档案分类目录，是以保管单位为著录对象，著录项目组成的条目按科技档案实体分类整理的顺序进行排列的一种目录。在用途上它既是一种库藏目录，又是一种检索工具。如果科技档案在库房里是按照分类整理顺序排架管理的，这时分类目录不仅起到库藏管理和分类统计作用，同时也是按分类整理次序索取科技档案的检索工具；如果科技档案在库房里是按照归档时间的先后顺序排架管理的，这时分类目录必须著录总登记号或流水排架管理号，主要是作为按分类整理次序索取科技档案的一种检索工具，也是进行分类统计的依据。

（三）专题目录

科技档案专题目录，是根据专门的需要，按照一定专题揭示科技档案内容和外形特征的一种目录，利用它可以索取某一专门问题的科技档案。

专题目录编制的步骤和方法大致如下：

1. 选题

选题要根据实际工作对本专题科技档案利用的需要，要考虑本专题库藏科技档案的基础条件。

2. 拟订方案

拟订方案即制定专题目录和组织编制计划。方案包括的内容应当有：专题的准确名称，专题中包括哪些信息及其分类排检方法，科技销案的选择范围、所属年限等有关规定。

3. 挑选材料

在方案拟订后着手挑选符合专题题目和方案规定的选材范围要求的科技档案。

4. 填制卡片

填制卡片就是根据所选材料并按照著录规则，对各著录项目予以著录。一张卡片著录登记一个条目。

5. 系统排列

对填制好的卡片，按照方案规定的排检方法予以系统排列。卡片经过系统排列，可以存放在卡片抽屉里固定其位置，便于查找。

卡片式的专题目录，一般只能放在阅览室提供查阅使用。如果对卡片进行汇编，即制成书本式专题目录，就可以发放给有关单位部门参考，从而扩大交流范围。

六、引进项目档案资料的整理

随着我国改革开放的深入与扩大，引进国外先进技术与设备的规模与数量日益扩大，对引进项目档案资料的整理工作相应提到了档案工作的议程。

（一）引进项目档案资料的特征

1. 形成者的多样性

引进项目，特别是大型引进项目往往不是从一个国家或公司引进。

2. 材料构成的复杂性

一个引进项目往往有承包商提供的工艺、基础设计、详细设计、安装试车规定等，专利商提供的工艺手册、技术手册、安全手册、分析手册等，制造商提供的安装手册、操作手册、维修手册、部分安装图等。技术资料构成复杂、数量庞大是引进项目的一个显著特点。

3. 材料形成的动态性

引进项目技术资料来自不同国家与公司，从基础设计到详细设计，各专业间要进行大量的条件配合工作与会审工作，对最初设计修改次数之多、变化之频繁为国内任何项目所没有，与之配套的国内设计亦有大量更改工作，整个工程竣工之前材料一直处于动态之中。

4. 语种的多样性

语种的多样性由来源、形成者的多样性决定。

（二）引进项目档案资料的整理

上述单位对引进项目档案资料整理，在实践中积累了较为丰富的经验。

1. 熟悉了解合同

熟悉了解合同是搞好引进项目档案资料整理工作的前提。引进项目的技术资料是根据合同附件的条文提供的，通过了解、熟悉技术合同的附件：①能了解技术资料的来源、设备数量，对整个项目的资料有一个整体的认识；②能了解区分技术资料的构成，有利于保持其原有的内在联系；③为组卷提供了依据。在具体整理工作中可能还会有很多实际问题，但研究、利用合同附件进行整理工作的经验给我们提供了非常有益的借鉴。

2. 研究外商文件编号与组卷规律

研究外商文件编号与组卷规律是搞好引进项目档案资料整理工作的基础。对引进项目资料，一般都按原有目录查找。在整理工作中应研究外商对文件进行编号的规律，最大限度地利用原有编号体系。这样做的好处，一是能保持文件原有内在联系；二是极大减少整理的工作量，如果打乱原有编号体系重新组卷，将是一件费力费时而又得不偿失的举动；三是方便查找利用，技术人员利用资料一般以原文件编号为准。

3. 引进设备

引进设备、国内配套设计、国内制造设备三者共处时，既不能互相混淆，又要保持文件间的有机联系。在一个引进项目中，三者共处的情况是普遍存在的。

4. 专业划分采用同一标准

在同一工程项目中，国内配套设计要与国外专业划分相匹配，即要把国内专业统一划分成机械与电气两个专业。在专业划分中自始至终要坚持同一标准，防止因专业归属不定，造成文件编号的混乱。

5. 卷内文件编号推迟进行

在工程项目进行过程中对来自不同国家或公司的设计文件，存在大量的条件配合工作与会审工作，图纸的更改、补充是经常的、大量的，非到项目结束之日是不会稳定的。因此为避免不必要的返工，卷内文件的编号应推迟进行。

第三节 科技档案的保管工作

经过整理的科技档案从进入库房起，将进入一个漫长的保管阶段。科技档案的收集、保管与利用是具有密切联系的有机整体，保管工作所要解决的主要矛盾是科技档案寿命的有限性与其作用时间长久性的矛盾，通过科学保管工作对收集的科技档案做到保管有序、经久耐用，为有效利用提供保障。

一、科技档案保管工作概述

科技档案保管工作是指在集中统一管理原则指导下，维护科技档案完整、准确、系统和安全的一项业务工作。

(一) 保管工作的内容

保管工作的内容是十分丰富的，主要包括：

1. 库位管理

库位管理内容包括合理规划库房布局，采用科学的排架方法与保管方法等，使科技档案得以系统排列和科学保管。

2. 库房防护

采取各种有效措施防止或减缓环境理化因素和生物因素对档案使用寿命的影响，尽量延长科技档案的使用期限。

3. 制定管理制度

通过制定有关管理制度使日常保管工作制度化、规范化，以维护档案的安全。

（二）保管工作的意义

在科技档案的整个运动过程中，保管阶段是历时最长的一个阶段，它对整个档案工作的影响是非常深远的。

1. 落实科技档案工作基本原则的体现

在科技档案微观管理中，收集与保管是贯彻落实集中统一管理原则最主要的两个方面。对科技档案实施集中统一管理，首先是体现在收集工作上，通过收集工作对应当集中统一管理的科技档案实现相对集中；而保管工作则是收集工作的继续，集中统一管理原则最终要体现在对档案实体的集中保管上。

科技档案工作基本原则中对科技档案完整、系统、准确与安全的要求，具体到保管工作上，完整主要体现在科技档案的相对集中保管和不可分散性；系统主要体现在排架管理上，要全面落实科技档案实体整理分类的成果，使其排架系统、有序；准确是要求在保管工作中要建立健全更改、补充制度，以维护科技档案的准确性；安全则指通过开展日常档案保护技术工作维护档案的实体安全，以及通过建立保管、保密与利用制度维护档案的内容安全。由此可以看出，保管工作是具体落实科技档案工作基本原则的最重要的措施之一。

2. 实现科技档案长久利用的保证

科技档案作为科技生产活动的历史记录，其依据凭证作用与其信息的情报作用是客观存在的，且具有长远利用价值。然而由科技档案制成材料的理化性能所决定，在环境因素作用下其寿命是有限的，科技档案保管工作目的之一就是创造良好的保管条件和提供科学的保管方法，尽量延长档案的使用期限。事实证明，科技档案的保管状况对其寿命影响极大，有时甚至会起到决定性的作用。在一定程度上可以说，没有科学的保管工作就没有科技档案的长远利用。

3. 保管科技档案就是保存历史

科技档案是国家进行科技生产活动的历史记录，是国家历史的一部分，因此保管科技档案就是保存历史的一项工作。为此，我们不能把保管对象仅仅看作一个物品，其中编藏的不仅有科学知识，更是单位、系统或国家的历史。

二、库房管理

库房管理的内容较多，例如库房规划与库房布局、柜架排列与排架方法等。从整体上，可以把库房管理工作看作是对保管科技档案工作的总体布局与规划。

（一）库房规划

库房规划是指对库房数量、面积、形状、大小库房比例及档案柜架类型、需要量等的筹划。

档案库房数量与柜架种类、需要量应与保存档案的数量与类型相适应。其数量可按国家有关部门的规定予以计算。在库房规划中还应注意库房尺寸、形状与大小库房比例的设计。为提高库房利用率，库房的长度应为所选定柜架中心距的整倍数，避免摆放柜架时多放一排柜架显得太拥挤，少放一排又浪费库房面积。同样面积的库房，形状不同，存放柜架的数量也不同。在库房设计与改造中应注意这一问题。

（二）库房布局

对档案馆来讲，库房布局应遵循功能分区、内外有别、流程简捷的原则，各类用房应按功能相对集中，避免各类用房交叉，把库房、办公用房、业务用房区别开来，并力求达到布局合理、流程简捷、内外有别。按这一原则，对基层档案部门应强调库房、办公、阅览三分开，为档案的安全保管创造必要的条件。实践证明，这是开展库房防护的一条简单而行之有效的措施，离开密闭，许多保护措施都难以达到预期的效果。基层档案部门库房、办公、阅览合而为一的状况，既不利于档案的安全，也不利于开展正常的档案保护工作。

（三）排架管理

档案柜架的排列方式直接涉及库房的通风、采光及调卷利用是否方便的问题。库房内档案装具布置应成行地垂直于有窗的墙面，外墙采光窗宜与档案装具间的通道相对应，当无窗时应与管道通风孔开口方向相对应。

三、档案保管工作制度

为加强库房的管理，保证档案的安全，应建立如下制度。

（一）安全保密制度

档案库房一定要有严密的安全保密制度，包括对进出库房人员的要求，非工作人员不得入内；门锁钥匙的管理，注意防盗；各种消防设备、电器电源、门窗、易燃易爆物品的管理，防止火灾的发生等多方面内容。

（二）档案进出库房的登记制度

包括档案进库、日常调阅、移交、销毁等方面内容。

（三）清洁卫生制度

建立健全档案库房的各项卫生管理制度，保证档案清洁干净。

（四）设备管理制度

包括库房设备空调、去湿机、加湿器、自动灭火、防盗报警、温湿度测控等设备的日常维护与维修等方面内容。

（五）库房管理人员的岗位责任制

规定各个岗位的职责范围，并明确考核评价标准，把工作任务落实到每个人身上，形成每项工作都有人专管的局面。

四、不同制作材料档案的保管

科技档案的制作材料不同，其保管要求也有所区别。在开展档案保管工作时，应当根据不同制作材料的特点，分别采用适当的保管、保护方法。

（一）底图和蓝图

底图和蓝图在企业事业单位档案中占有一定的比例，它们的保管、保护有一定的特殊性。

1. 底图

底图是复制蓝图的工具，其性质较为特殊。一方面，从制作材料来看，它是用油、蜡等物质浸透过的透明纸张制成，耐久性较差。另一方面，从使用角度来看，它要在晒图机产生的高温条件下工作，而且要反复使用。这样底图的机械强度和耐久性日趋降低，极易脆裂破碎。为此，底图禁止折叠和装订。这是因为折叠或装订后的底图会出现折痕，影响晒图的清晰度和准确度。另外，折叠和装订的痕迹，往往成为日后底图断裂、破损的隐患，影响底图的寿命。

底图的存放通常有平放和卷放两种方法。平放就是将底图平摊放在多层抽屉的底图柜中，一般采用鱼鳞式存放法，袋口向外，封面编号向上外露。这种方法能有效地保持底图平整，查找取放方便。卷放即将底图按套或按卷卷起存放，这种方法适用于幅面较大的底图。成套卷放可以用薄木板或纸板做衬子，以免窝卷。一般情况下字面向外卷。卷放方法最显著的优点是可以节省存放面积。但同平放相比存取不大方便，经常卷绕会增加底图磨损。国外还流行垂直挂放的方式存放底图。

为了保护底图，还可以采用包边的做法。即将底图四边折成双层，用缝纫机轧边，也可使用压边机用涂有胶黏剂的纸带把底图边缘包上。

2. 蓝图

蓝图是一种复印图，其制作材料比底图材料的机械性能要好，一般应采取折叠存放的方法。蓝图要求折叠成一定的规格，一般以手风琴式折叠成 A 4 图纸幅面大小，右下角要露出标题栏，以便查阅。

蓝图的装封有装订式和散装式两种形式。这两种形式各有利弊，实际工作中不一定强求一致。对使用频繁、经常查阅的蓝图可采用散装形式，对较少使用或以文字材料为主，所附图纸较少的档案材料，可采用装订形式。如果同时归档两份蓝图，则可以采取一份装订、一份散装的办法分别处理。

（二）底片和照片

1. 底片

底片是照片的母片，所以保护好底片十分重要。底片的保管应当做好以下两方面的工作：

（1）提供较好的保管条件

底片是化学感光材料，在周围环境变化较大时，极易产生化学变化和自毁。所以，保存底片要选择干燥、通风的库房。库房要特别注意防尘，因为底片表面的药膜极易损坏，不小心就会划伤，一粒尘土或沙粒掉在上面，洗印出来照片的清晰度就会受到较大的影响。所以库房应力求清洁卫生。

（2）采用合理的收藏方法

底片应单独整理存放，一般是放入底片袋内保管。底片袋的右上方应标明底片号。大底片应在药膜面垫衬柔软的中性纸张后，缠在卷筒纸芯上，外面用衬纸包装，并注明底片号。为便于管理，还应用铁笔在胶片乳剂面片边处刻写底片号。在取底片时应使用夹子，不要用手直接拿取，以免手上的汗水和灰尘等污染底片，使其出现霉斑。底片一旦出现变黄、溶化、划伤、发霉等现象，应立即采取技术措施进行补救。

2. 照片

照片的保存方法与底片相似，除做好上述工作以外，还应选择质量好、挺实、洁净的相片档案册作为卷夹，其大小可自行选择，但要注意幅面不宜过大，规格也不宜过多，否则不便于管理。每张照片均应进行编号，并要标出拍摄时间、文字说明、摄影者等。

照片应保存在背光的暗处，避免光线直接辐射，尤其是彩色照片，更忌光照。

（三）计算机光盘、磁盘

随着现代社会信息化和网络化的发展，电子文件的数量日趋增长，计算机光盘、磁盘，逐渐成为企业事业单位档案中一种重要的载体形式。它与传统的纸质档案在性质上有很大差别，多属于磁性载体和光学载体，所以保管工作要求高，技术也较复杂。

1. 要有严格的保护环境

计算机光盘、磁盘、磁带的磁介质或光介质不稳定，要求有严格的保护环境。存放计算机光盘、磁盘、磁带的库房，要有适宜的温湿度和防尘、防磁防火等条件。具体来说，要有完善的空调系统，有较好的防尘措施，防止电磁场干扰，避开磁场和电场，柜架要远离电气装置和导线，要安装监测火险的报警装置和避雷设备。

2. 选择适宜的装具和存放方法

计算光盘、磁盘，应按一定的顺序放入装具内。装具最好选用专门的防磁金属柜，但不能选用铁盒。存放方法应选择直立竖放，一般不要平放或堆放。

第四节　科技档案的鉴定工作

随着经济建设和科技活动的发展，科技档案的数量与日俱增，鉴定越来越受到档案界同行的关注，因为鉴定工作关系到科技档案的质量，关系到档案部门的形象，关系到档案工作的开展。高质量的精品档案，是提供利用工作的基础，是使科技档案更好地发挥作用的一项重要的措施。

一、科技档案鉴定工作的内理

科技档案鉴定就是根据一定的原则和标准，科学地判定科技档案历史与现实的价值，确定其保管期限；通过价值核查和质量核查，对失去保存价值，或内容失真和不完整的科技档案，按照规定的手续进行处理的科技档案业务管理活动。

科技档案鉴定工作包括两方面的内容：一方面是对科技档案价值的鉴定工作，即鉴别科技档案现实的和历史的价值，根据其价值的大小确定保存期限，把没有保存价值和失去保存价值的科技档案，经过一定的审查和批准手续剔出销毁的工作。科技档案价值的鉴定工作，是科技档案鉴定工作的主体内容。另一方面是对科技档案质量的鉴别工作。它是对科技档案的准确性和完整性，即对科技档案的质量状况进行甄别和查对，并采取相应措施，提高库藏科技档案质量的工作。科技档案质量的鉴别工作是由科技档案的具体特点决定的，在这里重点分析科技档案的价值鉴定，质量鉴别与价值鉴定的内容相辅相成，共同组成了科技档案的鉴定工作。

科技档案鉴定工作是通过两个过程实现的。

（一）第一个过程是在归档阶段进行的

归档阶段的鉴定工作主要解决如下问题：其一，鉴别科技文件材料有无保存价值，从而确定科技文件材料的取舍，剔除无保存价值的科技文件材料；其二，鉴别、核对归档材料的完整性和准确性，保证归档材料的质量；其三，判定科技文件材料价值大小，据以确定保管期限的长短，对每个归档的保管单位划出保管期限。

（二）第二个过程是在管理阶段中的鉴定

档案部门在管理工作中，需要定期对科技档案进行鉴定，其具体任务是：①对已经超过保管期限的科技档案重新进行审查，把失去利用价值的科技档案剔除销毁；②对原来划定保管期限不妥当的科技档案，重新进行价值鉴定；③鉴别、核对科技档案的准确性和完整性，做好相应的更改；④审核科技档案的机密等级，根据实际情况进行密级调整。通过以上鉴定过程，对库藏科技档案进行精选、补充和纠错工作，有利于库藏科技档案质量的稳定和提高。

在实际工作中，鉴定工作往往被人忽视。一些单位没有把好档案的入口关，把形成的科技文件全部转化为科技档案；有些单位没有把鉴定工作列入档案管理日程，没有对档案定期鉴定，造成档案库房总是不够用。究其原因主要在于：一是怕承担历史责任；二是鉴定工作难度大，不易操作。档案工作者应该本着对历史负责、为未来着想、为现实服务的精神，从实际出发，努力做好档案鉴定工作，提高库藏科技档案质量，从而也可以提高工作效率，提高服务质量。

二、科技档案鉴定工作的原则与价值因素

科技档案价值鉴定工作的核心问题就是划定科技档案的保管期限，而保管期限的判定，是由科技档案价值大小，也就是科技档案的价值决定的。科技档案的价值量越大，它的保管期限越长；反之，科技档案价值量越小，它的保管期限就越短。所以，我们在进行科技档案的鉴定，确定科技档案保管期限长短时，实际上是在进行科技档案价值量大小的比较工作。

（一）确定科技档案保管期限的原则

根据《科学技术档案工作条例》的规定，科技档案的保管期限一般可划分为永久、长期和短期三种，它的划分原则是：

第一，凡是在工作查考、经验总结、科学研究等方面具有长远利用价值的科技档案，都应该永久保存。

第二，凡是在一定时期内具有利用价值的科技档案，都可以定期保存（长期或短期）。

第三，凡是介于两种保管期限之间的科技档案，其保管期限一律从长。实际运用上述三条原则时，要特别注意把好划定永久和销毁这两个关。在具体划分科技档案的保管期限时，要根据这三条原则，按照保管期限表的有关规定，用直接鉴定法，综合分析规定和影响科技档案价值的因素，从而给科技档案划定正确的保管期限。

（二）规定和影响科技档案价值的因素

规定和影响科技档案价值的因素很多，概括起来主要有以下六种：

1. 技术因素

技术因素是指科技档案所反映对象的技术水平高低。一般来说，科技档案价值的大小，是由它的技术因素决定的，科技档案记载和反映的对象和内容的技术水平越高，它的价值也就越大，保管期限也就越长。由此可知，科技档案价值大小，保管期限长短，是受科技档案记载和反映的对象和内容的技术水平所制约的，二者成正比。

2. 功能因素

功能因素是指科技档案在经济和社会发展中所具有的功能。功能因素，也对科技档案价值大小和保管期限长短起影响和规定作用。凡是归档保存的科技档案都具有一定的凭证、依据和参考作用，所不同的只是它们的功能大小和发挥作用的时间长短不一。例如，围绕同一个建设项目形成的设计图纸，对于形成单位来说，其基本功能是为重新设计复用或提供参考，而其项目竣工图纸的主要功能则是为建筑物的使用、维修、改建、扩建等提供依据。显然其功能各异。另外，在实际工作中还应注意，只要建筑物、构筑物还存在，设备还在使用，它的科技档案就有保存价值，就要随同它所反映和记载的对象保存下去。

3. 时间因素

时间因素是指科技档案形成时间的远近。换句话说，就是把科技档案价值大小放在历史发展长河中来考虑。时间因素对科技档案价值有一定影响和规定作用。科技档案都是在一定的时间内和一定的历史条件下产生的，一般来说，科技档案形成的时间越近，技术就越先进，水平就越高，保存价值也就越大。但在特殊情况下，科技档案形成的时间越久远，它的价值也就越大，也就是要重视高龄档案。

4. 典型因素

典型因素是指科技档案反映的对象所具有的典型意义。典型因素都有一定的时间概念，应该放在一定的历史时期、历史阶段来考察。科技档案是历史的记录，反映一定时期、一定历史阶段的科技活动，记录一定时期的科技成果，反映一定历史时期和阶段的生产力发展状况和科技水平。每个历史时期都有其发展特点，即典型性。所以，在鉴别和判定科技档案价值，划定保管期限时，还要考虑它的典型性，考虑它在产生的那个历史阶段所起的作用。有这样的认识，才能正确地鉴别和判定科技档案的价值，较准确地划定保管期限。

5. 作者因素

作者因素，又称来源因素，是指科技档案的形成者对科技档案价值的影响。如著名专家、学者和一些有影响的科技人员形成的科技档案，一般说来，就比普通作者形成的科技档案价值大，保管期限也就长。因为这些著名专家学者的研究成果和某些见解，往往代表国家或地域一定时期的科技水平和生产力发展状况。所以，对著名作者形成的科技档案，在鉴别和判定价值，划定保管期限时，一定要从长计议。作者不只是个人作者，也包括集体作者，如企业、事业单位和专业主管机关。

6. 名称因素

名称因素是指科技档案材料的不同名称，如成果报告、阶段小结、试验记录、零件图、部件图、结构图、施工图和竣工图等，它对科技档案的价值大小也有一定的影响和制约作用。名称是对事物的称谓，不同名称反映着事物的不同内容。例如：科技成果报告反映了整个科研课题的研究过程和最后结果，竣工图反映了建筑工程的真实面貌。所以科技成果报告和竣工图就比其他科技档案材料价值要大，保管期限要从长。可见，不同名称反映着不同内容，不同内容规定了不同的保存价值。所以，在鉴别和判定科技档案价值，划定保管期限时，考虑科技档案材料名称是十分必要的。

三、科技档案保管期限表的编制

科技档案保管期限表是鉴定科技档案价值，划分科技档案保管期限的依据性文件。它是根据国家关于划分科技档案保管期限的原则，列举科技档案材料的名称、种类、来源、形式，并注明具体的保管期限的表格式文件。

编制科技档案保管期限表的目的，是为了保证鉴定工作的质量，提高鉴定工作的效率，使参加鉴定的人员有统一的具体的标准，避免因个人认识和理解的不同，致使分寸掌握得不统一，造成鉴定失误。因此，各单位均应根据《科学技术档案工作条例》的精神，以及本专业系统保管期限表的规定，结合本单位的具体情况，编制适用于本单位的科技档案保管期限表。

科技档案保管期限表的结构由两部分组成。

（一）说明部分

说明部分是用来介绍编制和使用科技档案保管期限表的有关问题，一般内容有：保管期限表的编制根据、确定保管期限的原则、保管期限表的适用范围、保管期限表内条款的分类和排列的方法，保管期限的计算方法、保管期限表的批准时间和开始使用日期、使用保管期限表应注意的问题等。

文字说明部分对使用科技档案保管期限表具有指导作用。应放在保管期限表的前面。

（二）条款部分

条款部分是科技档案保管期限表的主体。它具体地指明各种不同的科技档案材料应划定的保管期限。条款部分主要包括顺序号、条款名称、保管期限、备注等项目。

1.顺序号

条款的排列顺序号，也是条款的代号。它是在确定了条款分类、排列次序以后编制的。在鉴定工作中，可以用条款顺序号代表条款名称，简捷方便、省时省力。

2.条款名称

一组同类型的科技档案的概括名称。它不是指具体的某一份科技档案的名称，条款名称是一组具有有机联系的科技档案材料的名称。而一个条款的科技档案并不涉及内容方面是否具有有机联系，它只是一组同类型的科技档案。如"科研课题研究报告""隐蔽工程验收记录"等。

同属一个条款的一组科技档案不仅应该类型相同，而且一般情况下应该具有相同的或相近的保存价值，这样才便于对具体条款规定其保管期限。但是，如果同属一个条款的科技档案其价值有所不同，则应该在条款下分别注明"重要的"和"一般的"等字样，以便分别注明不同的保管期限，但条款顺序号不变。

（3）保管期限

它是根据确定保管期限原则划定的，一般分为永久、长期和短期。保管期限与每一个条款名称相对应。

（4）备注

它是在必要时，对条款及其保管期限进行注释和说明的栏目。

编制科技档案保管期限表需要以下工作过程：首先，要做好准备工作。包括了解掌握本单位各业务技术工作机构的范围和主要任务，熟悉本单位科技文件材料的形成过程和作用，调查掌握本单位科技档案的种类和数量。其次，编拟草案。在做好上述准备工作基础上，编拟科技档案保管期限表的草案。编拟工作重点要放在拟制条款名称，以及为每一个条款名称提出初步确定的保管期限。草案拟成后，可以印发各业务技术部门讨论，广泛征求意见，反复修改，方可定稿。第三，报请领导批准。经本单位领导批准后，报上级专业主管机关和有关的档案事业管理机关备案。科技档案保管期限表是科技档案鉴定工作的依据性文件，在实际工作中发现问题和不足之处，应随时研究并且记录下来，以便做进一步修改补充，使之逐步完善。

四、科技档案的鉴定方法和步骤

（一）科技档案价值鉴定的方法

鉴定方法是直接鉴定档案内容，它的基本精神是：对科技档案的每一个保管单位，采取具体分析和详细审查的办法，逐套、逐卷以至逐份地评定其价值。

直接鉴定法要求鉴定人员在依据科技档案保管期限表判定科技档案价值和确定保管期限的同时，必须对科技档案每个保管单位内的科技文件进行具体的研究分析，从科技档案本身的具体情况出发，一个一个地制定保管期限。这是因为科技档案保管期限表不一定能将所有的科技文件材料都包括无遗。所以鉴定时，只有对科技档案每个保管单位进行具体的研究分析，才能确切、全面地判断科技档案的价值，从而正确地划分保管期限和决定科技档案的存毁。

（二）科技档案价值鉴定的步骤

鉴定科技档案价值，一般情况下，应根据科技档案成套性的特点，以一个项目（如一个课题、一个产品、一项工程等）的科技档案为基础，按保管单位考虑和划分保管期限，也就是：其一，一个项目的成套材料是进行价值鉴定的基础。科技档案的鉴定工作，并不是孤立地以保管单位或以单份文件、单张图纸来鉴定其价值的。每一个保管单位的价值，每一件单份文件或单张图纸的价值，都不能完全脱离开它们所属项目的重要程度和价值，比如同是课题研究报告，国家获奖项目的课题研究报告同一般课题项目的研究报告，其价值当然是不同的。因此，对科技档案进行鉴定，确定科技档案的价值和保管期限，必须紧密地联系其所属的科技项目，以该项目的成套材料作为价值鉴定的基础。其二，鉴别科技档案的价值，确定科技档案保管期限的基本对象是科技档案的保管单位。鉴定科技档案价值和划定保管期限，固然应该以一个项目的成套材料为基础，但是，一个项目中的科技档案，其价值保管期限是不同的。比如一个型号产品的档案中，初步设计文件、试制文件、定型文件等，其价值大小是不完全相同的。因此，一个项目的科技档案不可能划定为一种保管期限；而一个保管单位的科技档案是一组具有有机联系的材料，其保存价值基本相同。从这个意义上可以说，保管单位既是科技档案的管理单位，也是科技档案价值的鉴定单位。

科技档案的价值鉴定一般可分为两个步骤：

第一步，个人初步鉴定。即由鉴定小组的成员根据分工，具体审查科技档案的内容，然后根据每个案卷的实际情况，分别拟出保管期限，并填写科技档案鉴定工作表。

科技档案鉴定工作表，是鉴定科技档案价值的登记表。其内容包括编号、案卷名称、科技档案号、类别名称、归档时间、原定保管期限、数量、鉴定意见、鉴定人、鉴定时间、鉴定小组意见、鉴定小组负责人签字和签字时间等项目。

鉴定意见的内容包括：科技档案形成背景，科技档案内容所反映的水平和历史、现实价值，卷内科技文件材料完整、准确情况，存毁意见和对原来划定的保管期限的意见等。

第二步，集体审查。鉴定小组全体成员对个人鉴定的意见进行逐个审查，分析比较，发挥集体的智慧，形成集体意见，由鉴定小组负责人在鉴定工作表上填写小组意见，并签字盖章。应该指出的是，鉴定小组集体审查主要是对鉴定工作单的分析讨论，如在讨论中有分歧意见，可把原卷调出进行集体复核。

（三）销毁和善后处理工作

科技档案鉴定工作表，是鉴定科技档案价值的登记表。其内容包括编号、案卷名称、科技档案号、类别名称、归档时间、原定保管期限、数量、鉴定意见、鉴定人、鉴定时间、鉴定小组意见、鉴定小组负责人签字和签字时间等项目。

1. 销毁清册的编制

销毁科技档案应该履行严格的手续，首先要造出清册。科技档案销毁清册的内容包括序号、科技档案号、科技档案名称、数量、鉴定工作表编号、备注等项。

销毁清册需要设置封面，其项目有销毁清册名称和单位、鉴定小组负责人姓名和鉴定时间、审批人姓名和审批时间、销毁人姓名、监销人姓名及销毁时间等。

2. 编写鉴定工作报告

科技档案鉴定工作结束以后，要编写一个工作报告，内容包括：本次鉴定工作的目的和任务、鉴定小组的组织情况、工作过程和基本方法、鉴定中调整和销毁科技档案的数量、主要经验和存在问题等。鉴定工作报告同销毁清册应一式三份，一份送本单位领导审查批准，退回档案室存档；另两份分别报送上级主管机关和当地档案行政管理部门备案。

3. 组织销毁

科技档案的销毁工作，由档案部门执行。销毁应同本单位保密、保卫部门取得联系，并指定专人销毁和监销。销毁人和监销人都要在销毁清册上签字。

销毁科技档案一般不宜太急，为慎重起见，剔出准备销毁的科技档案可再存放一段时间进行考察；经过一段时间，确实断定没有利用需求，再行销毁。

4. 善后处理工作

科技档案鉴定的善后处理工作也很重要，各单位都要根据自己的实际情况，做好以下工作：

第一，注销已经销毁的科技档案。要从原目录中把它划掉，注明或撤掉有关的卡片。

第二，变更已经调整过的保管期限。

第三，案卷内文件有变动的调整重新组卷。

第四，调整科技档案的排架序列。

第五，将鉴定工作表按编号顺序排列装订成册，连同销毁清册、鉴定工作报告等材料组成鉴定工作卷，由档案部门妥善保管。

五、科技档案统计

（一）科技档案统计工作概述

科技档案统计工作是指以数字与报表形式掌握和分析科技档案及科技档案工作基本情况的一项业务工作。

1. 统计工作的特点：

这里讲的统计工作特点是与科技档案其他业务工作相比较而言的。

（1）定量性

科技档案统计工作是以数字式报表为载体进行的，重在数据的统计与分析。定量化是科技档案统计工作区别于科技档案其他业务工作的一个显著特点。科技档案收集、整理、保管、著录等工作都属对档案实体的直接管理，而统计工作则重在通过数据对科技档案运行过程进行控制和分析，通过统计数据为科技档案各项管理决策提供依据参考。

（2）依存性

科技档案统计工作虽属科技档案工作的一部分，却不是独立进行的，而是伴随着其他科技档案业务工作的进行而进行的，例如科技档案收集工作统计、科技档案利用工作统计等。

2. 科技档案的统计内容

一是科技档案库藏量指标：库藏量、入库量、移出量、鉴定剔出量、封存量、销毁量等。二是利用情况指标：借出量、阅览量、复印量、对内供应量、对外交流量、利用率、复用率、利用效果等。三是质量指标：科技档案完整率、科技档案利用工作查全率、查准率等。四是工作条件指标：人员配备、人员素质及库房面积、库房利用系数、柜架面积、柜架利用率，设置配置等。

（二）科技档案统计工作的方法

1. 统计调查

为实现一定的统计目的而收集，登记和占有原始统计资料和数字的过程。一般有统计报表，专题普查，重点调查、抽样调查和典型调查等多种形式。

2. 统计整理

对调查取得的大量原始资料进行科学的整理，使这些资料系统化和条理化，为统计分析提供必要的条件。

3. 统计分析

对调查整理的资料作分析研究，揭示档案工作变化发展规律，寻求提高档案管理水平的具体办法，把工作不断推向前进。

第六章 档案管理创新策略

现阶段，我国档案工作呈现出一种新状态、新精彩，走入一个新高地、新平台，进入了以服务大局和民生为中心，以"三个体系"建设为重点，事业发展得到进一步保障的新常态，档案工作进入了形态更为高级、结构更为合理、发展更为顺畅、任务更加复杂艰巨的新阶段。站在比过去更高的新层次上，积极认识、适应、引领新常态档案工作必须具备五种新思维：要有创新思维，勇于开辟档案工作新领域；要有先行思维，当先行者先行服务；要有网络思维，善于利用网络开展工作；要有合作思维，努力实现各方面互通、互联、互赢；要有人本思维，各项工作中都坚持以人为本。

第一节 强化档案资源集聚

档案资源是开展档案工作的基础，是档案部门的立身之本，也是档案事业可持续发展的关键。加强档案资源建设是丰富档案资源、完善馆藏结构、服务党和政府工作大局、服务经济社会发展、服务广大人民群众的根本途径。大数据时代，每时每刻都有大量的结构化数据、半结构化数据、非结构化数据产生，档案资源的收集范围更广，参与档案资源建设的除了传统的档案部门，社会群体和个人也可以成为搜集档案资源的主人，搜集来的档案资源可以存储在档案馆、数据中心甚至云端。

一、拓宽档案资源类别

从纸质档案到档案信息化再到大数据时代，档案资源一直呈指数级飙升，档案资源的种类也从纸质到电子，从结构化到半结构化、非结构化转变。随着时代的轮转，档案搜集的类别范围也因为档案载体不一、结构各异而发生了改变。

纸质等传统档案仍是档案收集的重点。近年来政府部门又掀起无纸化办公、无纸化考试等热潮，这些举措都为节约资源、保护环境做出了巨大的贡献。档案管理部门虽然早已迈入办公自动化的大门，但是对于档案资源来说，纸质档案仍然是档案部门收集的重点，在档案馆藏数量中仍占主要地位。一方面是受传统的影响，纸质档案是整个社会历史的记录，中华民族上下五千年的文化和历史都留在了纸上；另一方面，受习惯思维的影响，大部分人在学习、办公时还是倾向于阅读纸质文档，对于档案来说，纸质档案给人真实性、可信赖度更高的感觉。信息化社会，纸质档案越来越少，但是它承载的社会记忆和显现的价值意义不会因为数量的减少而褪色和降低，即使在大数据时代或者以后更远的未来，档案收集也不能忽视了纸质档案等传统档案这个大群体的存在。结构化、非结构化、半结构化电子档案成为档案收集的主流。电子档案是信息化时代的产物，生成于数字化设备环境中，存储于电脑、磁盘、光盘等载体里，依赖计算机等数字设备阅读、处理，可在网络上传送。大数据时代，档案资源观正从传统狭隘的定义向"大档案观"转变，档案部门在进行馆藏纸质档案数字化、接收档案文件电子化的同时，要有意识地收集更多类别广、形式多、价值大的数据资源。网络的发展产生了更多更复杂的数据种类，包括结构化数据、非结构化数据和半结构化数据。结构化数据如数字、符号、关系型数据库等，非结构化数据如文本、图片、表格、图像、声音、影视、超媒体等，半结构化数据如 E-mail、HTML 文档等，都是大数据时代档案收集的主要对象。

二、完善档案资源建设

大数据时代，无论任何机构、社会组织和个人，都无法置身于数据之外，不同群体拥有不同的数据，他们的数据互不联通，档案部门可以将多元化、社会化的数据尽收囊中，但人少力薄是档案部门的现实状况，单靠一己之力不可能完成档案资源全面收集的重任。因此和不同数据拥有者的合作就显得非常必要，档案资源体系建设不仅要成为档案部门的职责所在，档案部门将通过自主管理、协商合作等方式把责任向社会转移，认可和鼓励各类社会组织及个人参与到档案资源的建设中来，完善档案资源的建设主体，达到借助社会力量优化档案资源的目的。

第一，档案部门要善于与档案形成者合作。首先，我国各级各类党和政府机构、企事业单位等是国有档案资源的形成者，它们在日常工作事务中不断地产生文件材料，这些文件材料处理完毕后要进行整理归档，档案部门的主要职责也是为党和政府机构、企事业单位管理档案事务，它们要按照规定及时向档案馆移交档案。因此，对档案部门来说，对党和政府机构、企事业单位档案的收集相对比较容易。其次，越来越多的家庭、个人意识到档案的重要性，纷纷开始建立家庭档案、个人档案，他们是私人所有档案的形成者。家庭和个人建档既记载了家庭和个人的历史，又折射了社会的变迁，虽然每个家庭的档案数量不多，但其在社会上的总和也是一笔巨大的档案资源，档案部门要积极与社会家庭和个人建立合作关系，收集更多更宝贵的"社会记忆"。此外，国家还要求领导干部建立领导干部个人档案、廉政档案，社会名人可以建立名人档案等，他们组成了档案资源形成的特殊群体。

第二，档案部门要善于与档案整理者合作。大数据时代，档案部门要学会利用社会力量和网络力量来完成档案资源的整理工作。国家规范并支持社会力量参与档案事务，允许政府可以通过合同、委托等方式向社会购买档案服务，政府以外包的方式将档案工作交给业务能力高度专业化的档案中介机构、专业机构。档案中介机构合法合规参与档案事务服务，帮助档案部门规范档案资源整理工作。档案部门还可以利用网络人力资源，通过众包模式集聚档案资源。众包模式是指把本应由公司内部员工执行的工作任务，以自由自愿的形式外包给非特定的大众网络的做法模式。

众包是一种一对多关系，比外包的一对一关系更方便、快捷、高效，既可以有效利用闲置资源又能轻松解决工作难题，档案部门可以采用众包模式收集档案资源，开启更多人的智慧，集中更多的资源，充分调动起隐藏在网民中的信息资源，将需要采集的自身又难以完成的档案收集任务众包给不特定的大众，通过网民的智慧实现档案资源的集中。沈阳市家庭档案研究会主办的"家庭档案网"，就是一个趋向众包模式的档案网站，主要是通过网络渠道收集家庭、个人、名人的各类档案信息，网站工作人员再将这些零散无序的信息分类整合，以专题专栏的形式呈现出来。

第三，档案部门要善于与档案利用者合作。档案利用者虽然不直接产生档案资源，但是他们利用档案的行为及结果所留下的痕迹成就了一部分档案资源体系的建设。大数据时代，档案利用者通过网络进行的档案查询、检索、咨询等一系列行为，都成为信息记录，档案工作者可以从用户的利用轨迹中发现新的信息点，找到信息与用户之间的关系，或是用户需要的，或是用户感兴趣的，通过信息点去收集与之相关的内容。大数据时代，档案部门不用再去理会信息的因果关系，要关注是什么而不是为什么。网络电商就是通过记忆客户浏览过的商品，找到商品与客户之间的关系，再搜索与商品之间的关系，客户的网页就会显示"热销品""同类""猜你喜欢的"之类的信息推送服务。

第四，档案部门要善于与档案保存者合作。档案保存者是档案资源的最终归属者，拥有最集中的档案资源。大数据时代，存储在档案馆、档案室的档案资源和互联网公司、数据分析公司拥有的数据资源总量相比，简直是九牛一毛。互联网的发展带来了无穷无尽的数据，数据的泛滥和混乱催生出数据分析公司来开发利用数据，所以说到底，数据分析公司拥有最多、最大的数据。

三、改变档案资源采集方式

积极开展接收和征集工作是传统的档案资源采集方式，档案部门以丰富馆藏为目标，依法做好到期应进馆档案接收工作。大数据时代，档案资源的采集不能光是坐等人来，网络资源的实时变化、档案形成者的大众化都需要档案部门改变档案资源采集方式，收集到数量更多和质量更好的档案资源。

第一，网络资源的主动抓取。对于网络资源要通过主动抓取的方式进行采集归档。网络资源数量多、更新快，重要信息和垃圾信息都是一闪而过，而且垃圾信息占大多数，一旦错过重要信息就会被海量信息湮没，再要找回得花费大力气。网民对重要信息也缺乏归档意识，对于有用的信息不知道该怎么保存，该交给谁保存。档案部门就要适时担起自己的职责，改变被动收集档案资源的方式，变身数据捕手，实时监控网络动态信息，采取主动出击策略选择重要网络资源归档，完成网络资源的主动抓取任务。同时档案部门要引导并培养网民重要信息归档意识，争取从网民手中获取更有价值的档案资源。

第二，用户实时推送归档。形成档案的用户，过去是依法定期按时归档，且大多是针对于党政机关部门而言的，要求次年6月以前完成前一年的档案归档工作。大数据时代，党政机关部门不再需要等全年度工作处理完毕后才将文件资料一齐归档，通过档案管理内部平台系统就可以将当下办理完毕的文件材料及时推送到平台，档案室的档案员随时接到推送消息后就可以依据文件的机构和问题等内容对其进行分类预归档保存，确认这类型档案不再产生新的文件材料加入进来，对之前的预归档文件整理完毕后就完成了档案的最终归档保存工作。形成档案的家庭和个人，也可以通过档案部门开通的网站平台渠道或是档案专门网站实时推送自己想要归档保存的档案，交由档案部门代为保管。这种实时推送归档的档案采集方式不仅能降低文件材料因日积月累存放而丢失的风险，而且对于档案员和档案部门来说，实时的归档分散了工作任务，化解了集中归档时间紧任务重的难题，归档质量也能得到充分保证。

四、科学整合档案资源

大数据时代，档案信息化步伐加快，档案管理趋向结构化、系统化，档案部门要学会应用新一代信息技术及相关工具和方法，稳步开展档案数字化和电子档案接收工作，进一步提高档案资源优化整合能力。

第一，继续推进"存量数字化、增量电子化"战略。档案部门一是要以"存量数字化"的要求极力推进传统载体档案数字化，尤其是对纸质档案要加快数字化进程，查阅时用数字化档案代替原件利用，保护并尽量延长纸质档案寿命；二是要以"增量电子化"为任务对归档、接收进馆档案要求全面实行原生电子文件形式，新形成的电子文件及时归档保存并按时接收进档案馆保护。大数据时代，档案部门要严格要求党政机关单位对归档文件实施电子化管理，从源头上保证数字档案信息的真实、完整、可用；接收档案以电子化版本为主，在范围上多注重原生电子形式档案的接收，在种类上多收集多媒体、数据库、网页等形式的档案资源。在加强电子档案接收管理方面，国家将制定一批实用性高操作性强的文件，这些文件着重考虑网络信息的归档管理工作，党政机关等单位的门户网站、政务微博、政务微信等新兴发布平台的信息归档工作将逐步提上日程，成为档案部门一项新任务新挑战。

第二，优化资源结构。由于档案资源的底层化、碎片化，各种档案资源散落在互不联通的数据库中，成为一座座"信息孤岛"，如何联通这些孤立的数据库，将分散的档案资源集中起来，实现档案资源的优化整合，发挥出档案资源最大价值，是大数据时代档案管理的一个重要挑战。档案部门没有能力对所有的档案资源兼容并包，需要和不同的群体合作，一是档案部门系统内部之间的互联，二是与文化馆、图书馆等相关机构之间的互助，三是和网络商和数据开发公司的互通。最重要的是档案部门要与社会进行资源、技术、人才方面的交流合作，搜集更多的资源、运用更强的技术、借助更专业的人才实现档案资源的最优化。同时，档案部门还可以利用云计算技术，借助互联网的计算方式，将全国的档案资源进行整合，形成"中国档案云"，完成档案资源的优化整合，充分发挥档案资源的集聚效应。

第二节 创新档案服务内容

数据本身是没有价值的，通过数据提供服务才具有真正的价值，数据即服务。档案资源若是只存放在档案馆不拿来用，就如同一堆废物，保存再多也没有意义。想要从档案资源中挖掘出价值，盘活档案资源，将昏昏沉睡的死档案变成源源不断的活资源，就需要档案部门加速档案资源开放进程、改变档案资源服务方式、构建基于档案资源价值存在的知识服务体系。

一、加快档案资源开放

大数据时代，档案部门一方面面临着与社会散落的档案资源进行激烈争夺的局势，另一方面随着《政府信息公开条例》的实施，国家积极稳妥地推进政府信息公开工作，依法保障公民、法人和其他社会组织获取政府信息的权利，这种权利的开放使得公民对信息的知情权要求更高，他们希望获得更多更有效的信息，档案资源加速流动与开放成为必然结果。档案部门对档案资源的开放应遵循"公开为原则，不公开为例外"，及时公开超过保管期限的秘密档案，尽量做到"应开尽开，保障秘密档案的安全"。

档案资源开放，不仅有利于推进政府信息公开制度的实施，优化办事流程提升工作效率，保障公民对信息的知情权、参与权与表达权，更重要的是档案资源在全社会自由流动开来后，从守旧封闭到创新开放，为社会奉献丰富多彩的信息，有助于跨越档案部门和其他政府部门之间的"信息鸿沟"，助力城市记忆工程和智慧城市的建设。

二、创新服务理念

大数据时代，档案资源要实现物尽其用，就要对其内容进行深度挖掘，打造档案资源知识库，档案利用者也会因自身知识水平的提高对档案服务提出更多的要求，关注他们新的需求，对传统的档案利用服务理念和途径做出调整，用新思维和新方法，创造档案利用服务新高度。面对档案利用者的诸多需求，档案部门要努力完善四种服务理念：

第一，人性化服务。人性化服务就是在档案服务中体现"以人为本"思想，以用户第一为原则，给用户提供平等获取信息的权利。服务过程中表现良好的服务态度，把自己当作服务生，面对用户热心、耐心、细心、专心，尤其是基层档案部门经常要服务一些农民老百姓，对他们的利用诉求要认真倾听，服务要热情周到。

第二，个性化服务。个性化服务是档案部门对档案利用者需求提供精确性匹配的服务。大数据时代信息受众分类更加明确，用户的利用需求发生改变，追求个性化服务，享受不受时空限制方便快捷获取所需，档案部门要对用户的利用需求、行为、方式等细节进行收集、追踪和分析，预测出他们需要的内容，以参考、定制等方式推送给用户。

第三，智能化服务。智能化服务是档案服务的最高技术水平。大数据时代更注重技术的运用，档案服务技术水平也要提高，档案部门要有智能化的档案数据处理系统，能够快速完成数据分析任务，智能抓取有效信息，提供便捷服务通道。这不仅有助于档案部门发现隐性知识，还利于从档案服务向知识服务跨越，实现档案知识的顺畅流通与广泛传播。

第四，知识化服务。知识化服务是一种基于网络环境的开放式的服务，是档案服务发展的趋势和方向。档案知识化服务应以知识管理理念为指导、以档案资源为核心、以大数据技术为支点、以档案知识挖掘为重点、以档案知识应用和知识创新为目标来构建档案知识服务体系，完成知识提供与检索、知识整合与加工、知识共享与交流的一体化服务。

三、拓展服务途径

网络的发展改变了信息传播的方式，丰富了信息传播的渠道，档案服务借阅、咨询、展览等传统途径将得到调整，档案服务途径多样化、网络化。应用各种新兴媒体，发挥网络远程功能，基于云计算、云存储的云服务手段将成为大数据时代档案服务新战场。

（一）微服务

微服务主要指以微博、微信等新媒体为载体即时传播信息的服务形式。微博即一句话博客，是一个基于用户关系信息分享、传播、交流以及获取的社交网络平台，主要涉及信息发布、网络营销、政府管理以及个人交流等方面，是中国网民上网的主要社交网络平台之一。

微信是一个为智能终端提供即时通信服务的免费应用程序，通过网络快速发送短信、语音、视频、图片和文字，微信公众平台的订阅号和服务号就是为微信用户提供公共信息、咨询和服务的平台。

档案部门或档案学人通过开通微博、微信可以传达档案信息和传送服务项目，向社会公众提供方便快捷的档案服务，拉近档案与大众的距离，拓宽档案信息服务的范围，提高档案信息服务的效率，还可以交流互动、共享信息、加强协作，为社会提供更好的档案服务。

（二）远程服务

远程服务指利用通信手段实现不同地域之间的实时人工服务方式。

远程服务具有方便快捷、节约成本、服务对象没有地域限制、服务可集中化管理的特点和优势，非常适合于大数据时代的网络档案服务。档案信息远程服务以数字化的信息资源为基础，依靠科学技术，通过网站、电子邮件或实时交互的形式，向用户提供远距离档案信息咨询和服务。档案部门要在加强档案资源建设的同时，加快采用信息技术，充分利用网络优势，建设好覆盖广、内容全、检索快的档案远程利用服务平台。

（三）云服务

云服务指通过网络以按需、易扩展的方式获得所需服务，它是一种基于互联网的相关服务的增加、使用和交付模式，涉及通过互联网来提供动态易扩展且经常是虚拟化的资源。

档案云服务是以云计算技术为基础，以云存储资源为保障，将分散的档案信息通过云平台组织构建起来形成服务云，借助这些云平台强大的计算能力和低成本、高安全性等特性来提高国家档案信息资源共享效率的一种档案信息资源服务模式。国家档案局开展的"中国档案云"项目就是致力于打造国家级开放的档案信息资源共享利用系统，它以云技术云存储为依托，覆盖全国各级各类档案馆，为社会公众提供开放档案信息查询利用服务的专业化平台，将成为互联网用户访问全国开放档案资源的统一门户，提供一站式全方位服务。

第三节 加强三位一体防护

安全责任重于泰山。档案资源安全是档案管理工作的重中之重，关系到党和国家及人民群众的根本利益。大数据时代，社会环境和网络环境对档案资源安全的威胁日趋严重，为消除潜在风险、保障档案资源安全，档案部门要建立起"物防、人防、技防"三位一体的档案安全保密防护体系。

一、加强物理防护

物理防护是档案安全的基础性保证。档案建筑是承载档案的载体，是守卫档案安全的第一道屏障。档案部门在加快档案馆建设时要把建筑的安全摆在首位，改善入馆档案的保管保护条件。

第一，推进各级国家综合档案馆安全建设。国家综合档案馆是统一保管党和政府机关档案的部门，是永久保管档案的基地。各级国家综合档案馆依法集中接收、管理本级党政机关、企事业单位、社会组织的档案和政府公报等政府公开信息，是国家宝藏的储存场所，档案馆建筑安全的重要性不言而喻。因此，档案馆的建设要遵循科学选址、标准设计的原则，在设计之前要对选址进行安全评估，避开自然灾害多发的危险地段，如地震带、洪涝多发区、山区等。建筑的质量是保障档案安全的另一个重要方面，档案馆要依照《档案馆建设标准》和《档案馆建筑设计规范》等规范楼堂馆所建筑建设的文件，把档案馆建设成质量可靠、面积达标、设施完善、功能齐全、安全保密、服务便捷、节能环保的现代化档案保管基地，为档案筑起"安全巢"，不让一份档案无藏身之所，不让一份档案身处危险之地，切实消除"无库馆""危房馆"现象。

第二，改善档案保管保护条件。档案保管保护条件的改善是档案长久保存、长期可用的重要因素。档案保管保护条件主要指档案保管硬件设施的安全，改造或新建、扩建的档案馆，要严格按照规范和标准建设，采用先进的安全技术、设备和材料，档案库房安装视频监控、自动报警、自动灭火、温湿度自控系统，达到档案馆安全测评标准，提高档案库房安全防灾等级，定时对档案保管保护专用设施设备进行维护和更新，定期对档案进行检查，及时发现并排除隐患，让每一份档案都有安全的栖息地。

二、采用人防战略

人防战略是档案安全的重要盾牌。从信息化时代到大数据时代，科学技术的发展促进了档案管理工作的进步，也对档案工作者提出了更高的要求，档案安全与否就在档案人的一念之间。在外行人看来档案工作轻松简单谁都能做，"一入档门深似海"才是档案人的真实写照，档案工作者要用责任和行动捍卫档案的安全。

第一，完善档案安全责任到人制度。安全管理主要是控制风险降低损失，档案安全管理制度能够有效预防、及时处理和妥善解决档案工作中的突发事件，维护档案工作正常秩序。首先，要健全档案安全责任制，单位一把手掌控全局，对档案安全全权负责，责任细分到各科室各人头上，尤其是要对信息化科室严加要求，形成"档案安全人人有责"的氛围。其次，要健全档案安全应急管理制度，档案应急管理是档案安全管理的重点，事关档案安危存亡，档案部门要严阵以待，成立以单位一把手为组长的档案安全领导小组，领导全体档案工作者对档案工作八大环节的每一个环节可能存在的安全风险和可能出现的安全纰漏进行大胆预测、小心分析、深入研究，从而得出结论，形成与工作环节相对应的档案安全应急管理制度以指导工作。最后，在大数据时代，需要重点加强对档案信息的安全管理，制定档案机密信息保护制度、档案信息安全审计制度、档案信息安全共享制度等，从制度上防范档案安全风险。

第二，建设档案大数据人才专业队伍。一是专业知识素养。档案管理是一门专业性和实践性很强的工作，大数据时代要聘任有真才实学的档案学专业学科背景的人才，他们扎实的档案理论基础知识和过硬的档案业务实践能力，懂管理精业务，能打开档案事业发展的格局，带领档案事业向前发展。新时代对档案人才的综合素质要求更高，不能只专其一，需要通过教育培训和自学不断提升工作能力，学习跨学科领域的综合知识，如计算机知识、互联网知识、大数据知识、产权保护知识等。二是重人重岗重责。档案部门要安排高度认真负责的人员从事档案工作重要岗位，各单位档案室要安排在编人员从事档案工作，一方面是他们对档案更加专业、对工作更加敬业，另一方面是防止因人员流动发生档案失泄密事件。

第三，变身"数据科学家"。大数据时代的到来创造了新的工作机会，提供了大量新的工作岗位，但拥有数据分析技能的专业人员严重短缺，造成供需严重失衡。从目前来看，档案部门想要在大数据战斗中招揽到数据分析人才机会渺茫，需要自寻门路。因此档案工作者要紧跟时代潮流，勇于自我转变，努力从"一把锁服务员"向"数据科学家"进阶，提升综合技能，具备对数据的提取与综合能力、统计分析能力、数据洞察与信息挖掘能力、软件开发能力、网络编程能力、数据的可视化表示能力六种能力，为档案工作赢得一片天。

三、强化技术防御

技术防御是档案安全的关键手段。档案部门要借助大数据时代的信息技术优势，建立档案信息管理系统安全保密防护体系和实行重要档案异地异质备份保存来维护档案安全。

第一，建立档案信息系统安全保密防护体系。对接收进馆的电子档案进行严格审查，检验电子档案的存储载体及内容，从源头上把关；严格检验电子档案存储的应用系统、计算机、网络等软件设备的安全等级，确保电子档案长期存储安全系数；加快档案数字化工作，有能力的单位最好自己独自完成档案数字化工作，没条件的单位可以借助社会力量的参与，但要严格审查档案数字化外包管理中介资质，选择合法、规范、可信度高的外包公司，做好服务外包工作的安全检查，并对数字化工作的全过程进行视频监控，杜绝外包单位盗取档案信息；对上网共享档案进行严格审查，依据国家秘密的信息系统分级保护要求，严防文件、档案在传输过程中失密泄密，保护档案用户个人隐私不被侵害。

第二，建设档案大数据存储备份中心。档案数据库的开发使用大大节约了档案库房的容量，提高了档案管理利用的效率，但单位数据库的存储容量毕竟有限，大数据时代档案部门面对巨量档案资源的存储问题，必须走改变存储方式来提高效率节约成本的道路。大数据技术拥有强大的数据处理和存储能力来实现档案资源存储备份管理。档案部门要想对档案资源进行全面掌控，可以考虑在大数据产业园区建立一个档案资源备份中心，既能保证档案资源的安全，又能将档案资源集中起来管理、开发和服务利用。

第三，重要档案异地异质备份保管。档案安全主要受到主客观因素的威胁，从主观上说档案制成材料质量易随时间环境而弱化，如纸质档案存放越久越容易纸张脆化、字迹模糊，电子、硬盘档案等特殊载体保存年限尚不明晰，客观上多发的自然灾害和人的行为也在威胁档案的安全，重要档案处于水深火热之中。为保证档案的安全存储和长期可读，需要定时检查、实时备份以降低安全隐患。档案部门要对党政机关、企事业单位、社会组织、家庭个人的重要档案实行异地备份保管，对重要的电子档案实行异地异质备份保管，有条件的可以将二者有机结合，尽可能采取多个场所、多种载体的备份形式，保证国家记忆不出现断层。

第四节　强化行政能力

档案行政管理即根据国家各项建设事业的需要，对全国的档案工作进行统筹规划、组织协调、统一制度、监督指导的活动，是国家整个行政工作的重要组成部分。我国档案行政管理实行"局馆合一"模式，虽然精简了机构，但使档案行政管理一直都呈现出事务性较强、行政性较弱的状态，与其他党政机构相比，显得"人微言轻"。档案行政管理体制的优劣与档案事业发展成败紧密相连。大数据时代的到来，加上我国又正处在全面深化行政体制改革推进国家治理现代化阶段，为档案行政管理体制机制的变革和完善提供了契机，档案行政管理机构要切实转变行政职能、强化行政执法水平、提高业务指导水平、加强与机构之间的合作，建设好为民务实高效的档案行政管理体系。

一、转变行政职能

档案行政管理一直是档案部门的短板，行政能力不强，工作开展就比较被动，社会地位也凸显不出来。有人说档案行政管理基本上处于"想到哪儿就管到哪儿"，事实上是哪儿也没管到，哪儿也管不住。大数据时代，档案部门必须正确认知局与馆各自的职能范围，要善于借助社会力量逐步放开服务"大包揽"方式，切实转变行政职能，提高行政管理能力。

第一，明确档案局、馆性质。转变职能、理顺关系、精兵简政、提高效率，在此形势下，档案部门实行"局馆合一"的机构改革。"局馆合一"从表面上看是撤销了一个机构，实现了精简机构的目的，但其使本来简单的机构复杂化，导致档案局、馆体制混乱，局馆性质不明、职能不清。其实无论什么样的组织单位，首先就要明确性质，明确所担负的职责职能，工作才能顺利开展、有序进行。大数据时代，档案部门需理顺档案管理体制，改变局与馆性质、职能混乱无序的现状，各级档案行政管理部门的职责是依法统一监督指导本行政区域内党政机关和其他事业单位的档案工作，各级国家综合档案馆的职责是依法集中管理本级党政机关和其他单位的档案，档案局的行政事务和档案馆的管理事务要严格区别开来，确保分工明确、各司其职，挺起档案行政职能的腰，树立起档案行政管理的威严。

第二，借助社会力量改变服务方式。档案部门性质明确了，档案局主行政、档案馆主管理的职责就分明了，不能再紧紧抓住档案整理服务"大包干"不放。档案部门主管行政与管理去了，档案整理服务就需要寻求新力量的加入，社会中介力量乘势而起。社会力量参与档案事务是市场经济发展的必然趋势，档案部门要顺应时代发展和自我职能转变需求，积极引导社会力量参与档案服务工作，要把社会力量参与档案事务活动作为档案事业发展的重要补充形式，发挥档案学会、档案学术交流机构这些社会组织的协同作用，积极扶持与档案有关的咨询服务业、信息开发业、软件行业、网络公司以及档案用品制造业、档案文化教育服务业的发展；档案部门要规范并支持档案中介机构、专业机构参与档案事务活动，帮助开展社会宣传和服务，增强档案中介服务知名度和影响力，通过它们的专业档案整理团队达到既完成了档案整理工作，又能在督查管理档案工作中提高档案行政的权威性的目的。

二、提升行政执法水平

行政执法能力是衡量档案行政管理部门行政权威的重要指标，也是检验档案法律法规效力的重要表现。大数据时代，档案部门要从法律制度、法治队伍、执法力度三个方面来提升执法能力，强化执法水平，提高执法地位。

首先，完善法律制度。《中华人民共和国档案法》是开展档案工作的依据和准则，是档案领域的"宪法"，让档案管理有法可依。随着经济社会的发展，档案法也存在与档案工作新形势新任务新要求不相适应的问题，需要对原有的内容进行及时修订和完善，比如确定档案人的权利与义务。电子档案大幅增长，电子档案如何规范归档与妥善管理的法律法规却没能及时出台，留有许多空白，档案部门没有法律依据就无法对党政机关和社会组织等产生的电子档案进行有效的执法监督。因此档案部门要想在档案执法检查中掌握主动权、话语权，就要提高法治意识，尽快制定并出台规范电子档案管理的法律法规，比如网络信息归档选择依据、海量电子文件数据的存储、电子档案异质异地备份操作等，让档案部门对电子档案依法行政有法可依。

其次，加强法治队伍建设。党和政府部门要为档案行政管理部门依法履行档案行政执法职能提供条件，提高其执法监督指导能力，人大、纪委、法治办等法律强势部门要为档案行政执法出谋划策，成立联合督查小组，提高档案执法效力。档案执法人才是档案执法的关键，档案部门一般都不具备懂法律的专业人才，这是大数据时代档案部门"以法治档"的执法困境。为完善科学依法决策，提高行政执法效能，推进档案法治建设，档案部门可以借用法律外援支持，采取聘用法律顾问的方式来加强档案法治队伍人才建设。法律顾问法律专业知识强，可以为档案部门制定或修改档案法律法规提供专业意见，为依法行政提供法律参谋，规范和监督行政执法活动，维护档案部门执法权益。

最后，加大执法力度。档案行政管理部门要加强对档案工作的监督检查，对各类违反《档案法》的行为，特别是将应归档文件据为己有或拒绝归档的，或造成档案损毁、丢失的，要依法追究有关单位和人员的责任。《档案管理违法违纪行为处分规定》就是专门针对档案管理中出现的违法违纪行为制定的处分规定，有档案管理违法违纪行为的单位，其负有责任的领导人员和直接责任人员，以及有档案管理违法违纪行为的个人，应当承担纪律责任。《档案管理违法违纪行为处分规定》的出台一是对原有的处分规定进行了细化，补充了新的违法违纪种类，是我国多年来依法治档实践经验的总结；二是对相关档案管理违法违纪责任主体应当承担的法律责任和量纪标准做了具体明确的规定；三是建立了档案管理违法违纪案件查办协作配合机制。这是档案法律法规又上新台阶的重要成果，为大数据时代档案部门行政执法能力的强化提供了新的依法行政依据。

三、提高业务指导水平

档案业务指导工作始终是档案部门一个重要的职能,体现的是档案部门的专业水准。档案业务指导水平的提高有赖于档案工作者的行动力与专业度,搞好业务指导不仅能展现档案部门的工作能力,还能改变社会对档案部门的刻板印象,提高档案部门的社会地位。

第一,加强业务分类指导。一是要加强对新单位建档工作的指导。"政企、政事分开"改革后,许多企事业单位脱离了原来的行政机关,成立了新的机构、企事业单位和社会组织,政府对它们干预的减少使它们游离于档案部门的管理之外,建档工作也迟迟没有提上工作日程,档案部门要加强对新单位的关注,加强对新单位建档工作的指导,使新单位能够意识到建档工作的重要性,及时明确档案工作任务,做好档案工作的分工,加强档案员的工作责任意识和业务能力,悉心指导建档工作的每一个环节,提高独立完成档案业务工作的水平。二是要加强对家庭档案、个人档案等新类型档案的指导。家庭档案和个人档案属于非国有档案,在过去没有引起国家和档案部门的足够重视,成为散落社会的遗珠。大数据时代,个人的信息越来越多,也变得越来越重要,国家大力提倡家庭建档、个人建档,档案部门设立宣传点,开展大走访,深入每家每户帮助家庭建档,从档案收集的范围、类型、内容到整理的方法一一悉心指导,家庭建档、个人建档开始受到社会公众的关注逐渐兴盛起来。这类档案业务公众的开展既有效规范了散落的信息,又为国家积累了一笔非常可观的社会档案财富。

第二,档案部门业务指导水平的提高还有赖于专业人才的任用和培养。档案部门人才队伍中,只有极少数是档案专业科班出身的,大多数人只懂行政管理,极其缺乏能够完成档案业务指导工作的人才。档案部门要根据实际工作需要科学合理调整档案部门人员编制,提高档案专业人才在档案部门人才队伍中的比例,充实档案部门业务指导队伍,优化档案部门业务指导能力;要建立科学的引才育才机制,可以通过与高校联合培养定制人才,也可以在考试录用中以专业作为限制门槛,或者支持鼓励在职人员继续深造学习接受档案专业知识的系统教育,积极发挥档案院校等培训学院的作用,创新培训内容,改进培训方式,努力造就一支业务精湛的高素质档案业务指导队伍。对于党政机关、企事业单位、社会团体的档案员,不能由身兼数职的其他工作人员担任,必须要求专人专岗专职,完善档案从业人员持证上岗制度,考试合格方能发放档案从业人员资格证,非档案从业人员一律不得从事档案工作,严格档案专业技术职称评审,晋升职称人员必须达到相应的晋升条件方能申请。大数据时代,档案部门要依照办理程序和条件严格职称等级评审,净化档案业务工作队伍,提高档案从业人员专业化水平。

四、加强与社会的合作

大数据时代，档案部门不再适合单打独斗、孤军奋战、守着档案库房打转转，档案数量的增多、档案需求的改变、档案服务的扩展、档案信息技术的应用，使得档案慢慢褪去神秘的外衣，档案与社会、公众之间的鸿沟渐渐缩小。事实表明，档案部门只有加强与社会组织的交流合作才能与时代同步，赢得先机，谋得发展。

第一，加强与档案形成者的合作。大数据时代档案部门要想赢得更多的档案资源，就要加强与档案形成者的合作。档案的形成者不再局限于党政机关、企事业单位和社会团体的档案室，家庭和个人成为散落于社会的最大档案形成群体，他们记录的是家庭琐碎事，构造的是社会变迁图。档案部门一是要帮助家庭和个人完善建档工作；二是要大力征集征收家庭档案和个人档案，从中发掘出更多更有价值的档案。

第二，加强与档案利用者的合作。档案利用者是档案部门的服务对象，满足利用者需求是档案部门最大的工作成就。大数据时代，档案部门不能只关注利用者单一的利用需求，要学会透过需求挖掘档案隐性知识，透过需求提供预测服务，透过需求编研出更多的档案文化精品为社会公众谋福利。

第三，加强与档案中介服务机构的合作。大数据时代，档案中介服务机构既是档案部门监督管理的对象，又是档案部门最重要的合作伙伴。档案部门一方面要严格审查档案中介服务机构资质，监督管理档案中介服务机构备案情况、执业人员素质和服务质量水平等；另一方面，要放宽服务权限，支持鼓励档案中介服务机构利用专门的知识和技能为单位提供档案服务，通过监管下合作的方式来维护自身的行政和执法能力。

第四，加强与网络服务商、数据公司的合作。大数据时代，档案部门不能再是老一套的管理档案方法，电子档案的收集、档案数字化都需要档案部门加强与网络服务商、数据开发公司等的合作。互联网给档案部门带来的大量资源既是福利也是负担，数量大、种类多的资源充实了档案资源库，但如何从海量的资源中筛选出有价值的信息作为档案保存是档案部门面对的难题，档案部门与网络服务商的沟通与合作就成为必要选择，借助网络服务商的帮助，从信息源头剔除垃圾信息、保留有用信息供档案部门收集，大大提高档案的质量。这些收集来的电子档案和库存档案数字化产生的电子档案的管理工作远远超出了档案部门的工作能力范围，档案部门要积极主动与数据开发公司合作，通过公司专业人才、专业技术、专业软件的帮助协同完成对电子档案的管理。

第七章 档案信息化与自动化管理的创新思路

信息化是一场革命，它引起了档案管理的深刻变革。社会信息化为档案事业的发展提供了一个集理念、方法、技术为一体的大背景，档案事业作为社会文化事业的重要组成部分被列入国民经济和社会发展的总体规划，遵循和服从社会信息化发展的总体要求和战略布局，从而使档案事业的自身发展与国家信息化发展战略相统一、相协调。档案信息化是 21 世纪现代档案管理区别于传统档案管理模式的重要特征，也是信息社会档案管理业务发展的必然趋势。档案信息化改变了档案工作者的思想观念、档案业务的工作环境、档案馆的组建方式以及档案的载体形式。档案不再拘泥于以纸质、录音和录像为载体，而是多以数字形式形成、传递、移交、鉴定、归档、保管和利用，档案工作借助于计算机实现自动化，开展档案工作，挖掘档案资源，提供档案利用。信息化为档案利用者提供了前所未有的方便性，馆藏档案数字化成为历史的必然，数字化档案信息在急剧增长，以全新的思路、方法和举措来发展档案事业是信息时代、知识型社会赋予 21 世纪档案工作者的新使命。

第一节 多载体档案统筹管理

在我国，信息化真正在各行各业应用起来并产生有历史价值和凭证作用的电子文件和数字化档案信息，是 20 世纪 90 年代以后的事情，有条件的档案馆也随之探索和开展档案信息化的初期建设和简单的案卷目录计算机化管理和查询利用。但从全国来看，依然还有很多档案馆尚未启动信息化或还未真正将计算机和信息系统使用起来，各行各业档案信息化的应用水平也参差不齐，产生和形成的档案有模拟的，也有数字的，使用的载体有纸质的，也有光盘、硬盘和其他数字格式的。

进入 21 世纪，我们处于一个纸质与电子、模拟与数字共存的状态，处于传统管理向现代管理转变的过渡转型期：档案馆内部存有大量的纸质档案、缩微胶片、录音和录像带等各种载体的实体档案，档案馆新接收的档案既有各种形式的电子信息，也有大量的纸质档案。在这个特殊时期，档案载体形式多元化、管理工作复杂化、技术手段多样化、服务利用个性化成了现实的挑战，而档案管理的组织和队伍却很难随之更新和发展。因此，随着档案资源和档案信息管理规模的不断扩大，档案信息的管理问题势必引起社会的高度重视，要求档案工作者思考统一的管理思路，兼顾所有载体档案的统筹管理。

一、 档案目录信息统筹管理

无论是电子的还是纸质的档案，无论是手工管理还是采用计算机实行自动化管理，整理、分类和编目始终都是档案工作的重要组成部分，档案目录是各级各类档案馆提供档案服务利用的基础信息，也是实现档案检索和提供档案利用的重要依据。

馆藏的传统载体档案中，手写档案目录是最常见的方式，而新归档的各类档案会形成各种机读档案目录，或以 Excel、Access、Word、关系型数据库格式存储的数字形式的目录信息，为了方便档案利用者，档案馆必须对已有馆藏和以后归档的所有档案的目录信息进行整合，按来源原则或信息分类方式分别进行整理、分类与合并处理，形成能够覆盖各类档案资源的目录信息，并采用档案管理信息系统对档案目录信息实行统一管理，实现目录信息的资源共享和统筹管理。避免长期以来一些档案馆的做法：数字化档案采用管理信息系统进行管理，纸质档案采用手工翻本的方式进行检索。在档案馆实施信息化过程中，目录信息的数字化也是很重要的一项任务，不能由于工作量大、过去没有录入就成为历史遗留问题。

档案目录信息统筹管理的另外一个含义是案卷目录和卷内文件目录的关联管理，即尽可能将卷内文件目录也实行计算机化管理，并与其对应的案卷目录进行关联。当检索到案卷目录，就可以方便地浏览其卷内文件目录，提高检索的准确度；当检索到卷内文件目录时，也能够很快地定位到它所对应的案卷目录及其所在的库房存址，以方便调卷。

当然，由于档案馆人、财、物等资源的限制，档案信息化工作也是一个循序渐进的过程，不可能做到一蹴而就，因此，需要根据业务工作需要的紧迫程度，首先解决重要问题。有些档案馆在信息化实施一开始，注重新接收档案的目录建设和全文管理，而将原有馆藏档案的目录和实物数字化作为二期工程来实施。实力较强的档案馆则将两项工作并行开展，以加快档案数字化处理和信息化利用的效率。无论采取哪种策略和方式，档案信息化最终的效果是将档案馆的档案全部实行信息化统筹管理，既方便档案工作者，又方便档案利用人员，更能为未来档案资源的社会化服务与信息共享奠定坚实基础。

二、 目录全文一体化管理

档案全文，一方面是指馆藏档案内容的数字化信息，如缩微胶片、照片以及纸质档案数字化形成的静态图像文件，磁带、录像带等经过模数转换后形成的声音、图像等多媒体文件；另一方面是指各机构使用计算机和办公自动化系统等产生的电子文件归档后形成的数字化档案信息。这些全文信息是档案的内容实体，与档案目录信息相比较，档案全文能够提供更详细、更完整和更准确的内容和信息。然而，很多档案馆在接收电子文件或进行数字化加工后，没有将这些原文信息很好地管理起来，而是将这些数字化全文和图像存储在光盘、磁盘或网络存储器上，与保管纸质档案一样，把它们放在库房中，甚至没有进行分类、编目，根本无法进行系统化管理或提供利用。这完全违背了馆藏数字化和接收电子文件进馆的根本宗旨。我们知道，数字化信息最大的特点是利用的方便性和检索的快捷性，档案馆花费大量的时间、人力、物力和财力开展馆藏档案数字化和接收电子文件进馆的主要目的是为了方便利用，对于使用频繁的历史档案而言，也起到保护档案的目的。

实行目录全文一体化管理是信息化管理中比较有效的一种方式，其工作原理是首先在档案目录中进行检索，缩小范围，然后再检索全文，以便准确定位查档目标。通常采取的方式是，将档案目录信息用关系型数据库管理系统实行统一管理，把扫描后的图像文件和新接收的电子文件档案以文档对象或文件形式存储在文件服务器或者内容服务器上，并通过一定的访问规则将档案目录信息与这些文件对象进行关联。在检索到档案目录信息时，就可以浏览和检索全文。如果在信息系统中，还需要按照系统设定的用户对目录和全文的浏览、检索权限进行处理。

目前，很多档案馆在接收电子文件时，采用"目录全文关联归档"方式。这种归档方式是将电子信息分门别类，整理成方便检索的目录信息，并将电子原文与电子目录进行关联挂接，即将电子信息的目录与全文进行捆绑。具体实现思路就是把目录信息与电子全文信息分开存放，将电子信息进行分类、编目，形成档案目录信息，将目录信息存放在关系型数据库中，将电子全文存放在文件服务器或数据库的二进制存储对象中。因此，在实现电子信息归档时，必须做好分类编目、原文整理以及梳理它们之间的对应关系。同时与之相配套，需要建立"电子信息背景应用环境"自动下载中心，以确保电子文件档案的可读性。文件中心可以是将所有欲归档的信息集中到一起的一个逻辑管理中心，其物理位置可能是分布式存放在每一个业务系统内部，也可能是存放在档案馆的一个专门的服务器上，网络的使用已经模糊了电子信息的物理位置，只需要按照要求使工作人员方便管理、方便访问就达到目的。

在实际利用工作中，并不是所有有价值的档案都会被所有的档案利用者频繁查找，如工程设计或建筑系的人员需要经常查询的是工程图纸类的档案信息，而很少关心财务类的档案，而建筑专业的利用者基本上只查看此类档案的应用软件和浏览工具。正是基于档案利用者的这个根本需求和特点，因此"目录全文关联归档"方案是方便可行的，不需要像"脱机存储法"那样，针对每一类电子文件信息都记录它们的应用背景、环境信息，使存储介质中贮存了大量的冗余信息，造成资源浪费。但是，为了满足和方便利用者查看其他类电子档案信息，如单位领导可能会查看各类综合档案，"目录全文关联归档"方案采取提供"电子信息背景应用环境"自动下载并提示装载的手段，以满足对那些想查看数字档案信息，但其客户机上没有安装运行环境的网络用户的要求。

实施"目录全文关联归档"，要求档案工作者转变传统的工作方法，从档案利用者的需求出发，分析档案被利用的范围和特点，遵循档案管理的原则和标准，对部门形成的数字化档案实行即时归档，即将"目录全文关联归档"的思想贯穿于电子档案形成的全过程。档案馆的工作人员也要充分利用现代化管理手段，通过网络开展指导、鉴定、归档与管理工作，将工作重点转移到分析档案利用者的需求、开发档案资源的编研与开发、监控电子文件的形成过程，将工作模式从"被动接收"转变为"主动挑选"，将真正有价值的、值得保存的电子文件转化为未来社会需要参考和利用的档案资源。

档案信息的"目录全文关联归档"方案，充分体现了档案工作者在电子文件归档过程中采取的"主动服务、一体化管理"的全新理念，也保证了归档以后的电子信息能够获得科学有序的管理和提供利用。这种方案已经被很多档案馆所采用，并且推广应用于馆藏档案数字化处理后的目录信息与电子图像信息的管理中，这是目前我国档案信息化工作过程中值得借鉴和采纳的、行之有效的解决方案。

三、档案工作的"双轨制"

各行各业信息化的大力开展，必将形成大量的电子文件和电子档案，但这并不等于档案馆以后就不再接收纸质文件。由于电子档案的法律依据、永久保存和安全管理等方面还存在这样或那样的需进一步探究和明确的问题，而实践经验告诉人们，优良的纸质档案可以保存上千年。因此，在未来相当长的时间里，电子档案和纸质档案将长期共存，二者之间的共存、互动与消长构成了信息时代人类记载历史的特殊方式。"双轨制"将成为 21 世纪档案工作的主流模式。

"双轨制"是指在文件形成、处理、归档、保存、利用等过程中，纸质文件和电子文件二者同时存在，两种载体的文件同步随办公业务流程运转，同步进行归档、同步进入归档后的档案保管过程。实行双轨制的机构，在文件进入运转程序时就以电子和纸质两种载体并存，业务人员要对同样内容的两类文件进行并行办理。由此看来，"双轨制"的核心是从文件的产生开始就以两种载体形式记录各项社会活动的信息。这些记录中有保存价值的将作为档案进入归档阶段，将纸质和电子的记录同时移交到档案馆。实行这种从头至尾的彻底双套做法是各行各业信息化应用的初级阶段，特别是在《中华人民共和国电子签名法》发布之前，电子文件的法律效力无法认可，电子文件的安全性、真实性和完整性很难得到保障。《电子签名法》经全国人大审议通过、生效后，有了法律保护，电子签名具有与手写签字或盖章同等的法律效力，电子文件与书面文书一样具有同等法律效力。从此，借助于网络环境、数字签名、身份认证等技术，确保电子文件从产生、审批、流转、会签、归档等各个过程的原始、完整、有效和可读，实现无纸化办公，成为21世纪人们追求高效率和科学化、规范化、自动化管理的现实需求。在这种形势下，是否还需要在文件的运转过程中实行"双轨制"成为大家关注的焦点和热点问题，也是学者们研究的重点。

就网络、电子环境本身而言，尽管它们存在先天的"不安全"和"淘汰快"等缺点，但每一种新的服务器、存储器、数据资源管理系统的出现都会兼容老的版本或者出台新的数据转换或迁移方法，目的是确保原来的电子数据不失效或可读。事实上，很多"读不出来"的"丢失的"数字化的文件和档案，究其原因主要是在计算机硬件环境和软件平台升级的特殊时期，没有及时做数据的转换或迁移工作，当属管理上的失职。当然，每一次转换或迁移都有可能破坏档案文件的原始性，或者丢失一些相关信息，这才是为什么要实行"双轨制"的根本原因。

彻底的"双轨制"需要投入很多人、财、物，在电子文件形成过程的管理上也很复杂。因此，很多单位采取了"双套归档"的做法，一种是将办公自动化系统中属于归档范围的电子文件在归档前制作纸质拷贝，归档时将二者同时移交到档案馆；另外一种则是对纸质的文件进行数字化扫描和文字识别处理，形成纸质档案的电子拷贝。这样，保存的电子文件可以方便网络化利用，纸质文件则主要用作永久保存，有些单位则采用缩微技术，实现档案的缩微化保存。这些做法不可避免会增加档案馆接收档案和管理档案的复杂性，提高档案管理和保存的成本，但这依然是21世纪档案工作的主流方式。随着时间的推移，档案馆保存的纸质档案和电子档案的比例将会逐渐发生变化，但纸质档案还将会在相当长一段时间成为馆藏的主要成分。

因此，各档案馆需要根据自身管理档案的特点和所拥有的资金、人才、网络设备资源等状况，选择恰当的档案接收方式，开展档案的接收和档案信息化管理工作。比如：是全部档案做双套归档还是将重要的部分做双套归档》？是在管理过程中随着档案利用的需要做数字化还是全部数字化？在这一点上，每个档案馆的情况都不完全相同，因此无固定的模式可循。

第二节 文件档案一体化管理

计算机的普及，电子文件的产生，各种办公自动化系统的推广和应用，使文档一体化管理真正成为可能。一套新的管理思想、技术和方法将取代过去的管理模式。文件档案一体化管理是文件生命周期理论和全程管理与前端控制思想应用于电子文件管理的典型模式。在网络信息系统中，电子文件和电子档案很难截然分清，各行各业的信息化形成大量的电子文件，在结束其现行业务之后，需要将有保存价值的电子信息进行整理、归档，进入永久保存期，这必然使文档一体化管理模式进入实质性的应用阶段。

一、文档一体化管理思路

文档一体化强调电子文件全过程管理的连续性和信息记录的完整性，目的是确保有保存价值的电子文件，自生成开始到生命周期活动过程结束的全过程，信息能够获得完全的记载和一致的保存。文档一体化管理的思路体现在以下几个方面。

（一）管理过程的互动性

文档一体化最重要的特点是：将现行业务系统的工作与档案工作实现互动与交叉。一方面使档案工作者从文件生成之日起就能够开展鉴定、归档及归档后的管理，通过前端参与和过程控制，加强为社会积累财富的执行力；另一方面也使得开展现行业务活动的工作人员增强了对档案的认知程度，不仅要认识到，只有将有价值的文件完整归档并移交给档案部门进行保管才能算相应的工作真正结束，同时还要意识到，在开展现行业务系统的过程中，要责任明确、注意积累，记录电子文件活动全过程中所有重要的和有价值的信息，确保电子文件的真实性和完整性。管理过程的互动性加强了多方人员工作中的交流与沟通，对形成和积累有价值的、完整的、真实记载社会活动的电子档案具有非常重要的社会意义。

（二）应用系统的统一性

文档一体化管理模式的实现是文件和档案共同依赖统一的管理信息系统，并运行于同构的网络、服务器、数据库管理平台，采取相同的数据、文件存储格式，不同的是管理文件与档案工作人员对信息系统的操作权限有所不同。在文件的生成、处理、会签、审批等各业务工作处理阶段，业务工作人员拥有对文件的增加、修改、删除等权限，而档案工作者只有查看、浏览的权限。在文件结束其现行期业务工作之后，进入归档阶段时，由电子文件的归档整理人员进行筛选、整理，而档案工作者则开始履行电子文件的鉴定职能和归档前的指导工作。在电子文件归档形成电子档案后，档案工作者则需要开展电子档案的保管，并为档案形成单位和社会提供档案的服务与利用。应用系统的统一性使得在从文件到档案的转变过程中，不再需要数据转换和迁移，保持了文件信息的真实性和完整性,同时也降低工作人员使用信息系统的复杂性,减少了使用过程中的错误发生率。

(三)工作流程的集成性

在传统的文件管理过程中,文件的形成、归档和作为档案保管与提供利用等环节,都将文件生命周期清楚地划分为三个相对独立的过程,即现行期、半现行期和非现行期,并通过现行业务工作部门、机构档案室和档案馆三个物理位置不同的部门分别完成各自的工作。而文档一体化则将文件、档案的管理流程实现了集成,要求在一个统一的系统内,有统一的控制中心、统一的工作制度、统一的且各有特点又互相衔接的工作程序,将档案著录、鉴定、保存和管理等工作贯穿于文件的形成、流转、会签、批准或签发、整理、鉴定、归档、移交、保存或销毁等各个环节,实现各个过程中工作流程的集成和信息的共享,而且能够根据不同的文件与处理要求定义特定的工作流程,实现流程的优化和个性化处理,提高了工作效率,降低了档案接收和保管的复杂性,避免了信息的多次录入和产生不一致信息的可能性。工作流程的集成性体现在以下几个方面:

1. 归档工作与文件处理业务活动的集成

各单位在采用办公自动化系统形成和处理文件时,可以考虑对重要文件贴上归档标记,保证其在处理完毕之后即可存入档案数据库。这个动作将一直被定位为将业务活动最后环节的归档,贯穿于电子文件处理业务流程的各个阶段。

2. 归档工作和鉴定工作的集成

文件形成之日对重要文件做归档标记,是对文件保存价值的一个初始判断,档案工作人员在开展鉴定工作时,重点考虑带标记的文件。这样既保证了鉴定的质量,又提高了工作效率,使归档文件的质量控制和文件的技术鉴定工作得以同步进行。

3. 归档工作和用户权限设置、数据备份等安全保护活动的集成

归档意味着电子文件管理权由文件形成单位转移到档案保管单位,系统用户对文件的操作权限随之发生变化,另外归档过程中需要对归档电子文件做电子签章、做数据备份,这些工作都可以随着归档工作的结束同步完成。

4. 归档工作与档案整理工作的集成

归档的同时,系统将根据预先设定的档案目录信息著录的规则,实现自动分类、自动著录,然后,在人工参与下进行核对、再确认和添加档案馆保管档案的其他元数据项的内容。

(四)业务处理的自动性

文档一体化是在充分信任的网络、计算机和信息系统的数字环境下开展工作,采用

信息技术和基于工作流程管理理念实现的自动化信息系统，不仅提高了工作效率，而且降低了错误发生的概率。同时，在一些业务处理环节增加了系统自动处理技术，如电子文件版本信息的自动跟踪、电子文件处理过程中的责任链信息的记录、基于管理规则实现的电子档案的自动标引等，都大大提高了业务处理工作的自动化程度，减少了人工操作的复杂程度。由于这些自动化的处理过程是通过系统进行身份认证之后自动生成并保存记载的，因而，大大提高了电子文件整个生命周期活动中信息记载的真实性和完整性。

（五）归档工作的及时性

通过对文档一体化应用系统的广泛使用，档案工作者能够随时对归档范围内的、已经完成现行期使命的文件实行鉴定、整理、归档和提供利用等工作。一旦电子文件的形成机构确认该文件已经结束现行期的历史使命，就完全能够实现即时归档、即时鉴定，避免以往通行的隔年归档中存在的各种问题，如丢失、泄密、滞后等。

（六）安全管理的有效性

文档一体化，一方面使电子文件归档过程变得简单、快捷，自动化程度高；另一方面使人们对电子档案原始文件与档案目录数据实现了同步管理，最大限度地减少了人工的干预，不仅提高了归档工作的效率，更重要的是大大增强了归档过程的规范性和安全性。至于网络和信息系统带来的安全风险，能够通过采取各种现代技术手段得到控制和加强。事实上，据权威机构统计，70% 的信息安全事件来自管理上的漏洞，应该说采用自动化手段执法比靠人工执法的安全性要高。特别是在《电子签名法》颁布实施后，电子签名、数字证书、身份认证等一些安全措施和技术手段的采用，也将大大增强电子文件和电子档案安全管理的有效性。

二、文档一体化实现方法

文档一体化管理系统的建立离不开计算机与网络技术的支持。现代化的办公系统要求文书与档案工作紧密衔接，实现办公信息的传递、存储、查阅、利用、收集的现代化和自动化。由于受我国文件和档案分开管理传统模式的束缚，迄今为止，办公自动化系统与计算机档案自动化管理系统仍是两个相互独立的系统。

目前，不少名为"文件和档案管理一体化的信息系统"，其实也只是将文件管理和档案管理并列，而非真正将数据集成在一起，仅仅是将办公自动化系统产生的数据自动导入档案管理的信息系统，这绝非真正意义上的文档一体化管理信息系统。文档一体化要求对归档文件的真实性、完整性、有效性在文件产生阶段就要加以控制，鉴定、编目、著录、标引等工作也要在文件产生和处理阶段进行。因此，研发能够覆盖电子文件全部活动，实现文档状态记录和全过程管理的集成系统，将部分"档案管理工作"前置到"公文处理工作"中的文档一体化计算机管理信息系统，是实现文档一体化管理的关键。

从文件产生到利用的生命周期角度看，文件与档案的关系决定了它们具备实行一体化管理的条件。一方面，现行文件与档案是一个具有内在联系的整体，它们的物质形态、内容主题以及本质结构都是相同的，均是附在有形物质上的信息，其区别仅在于文件是现行文件而档案是历史文件，从现行文件变成历史文件，是一个顺序完成的过程。显然，归档文件与档案只有文件所处阶段的区别而无本质的不同，对处于不同阶段的文件实行一体化管理，是社会发展的根本要求。另一方面，文件形成、处理部门与档案部门只是分别管理处于不同阶段的文件，在文件的产生、流转、审批阶段，文件处于不停流转的过程中，所以需要分散保存和管理，这有利于随时查用和迅速运转。文件分散保存的任务主要由文件产生部门承担。当文件运动周期完成以后，文件就处于"休眠"状态，这时需要集中整理并归档保存，这样既有利于档案的完整、安全和科学的管理，又有利于向社会各界提供查询利用，这就需要有一个服务机构即档案馆进行统一管理。因此，文件形成与处理部门和档案馆二者都是为了存储、传输和利用文档信息而存在。

从系统学的角度看，文件和档案的管理是一个完整的信息系统，在这个信息系统中，文件质量的好坏直接决定着档案的质量，档案的质量又对未来文件的形成、收集和整理归档产生推动作用，二者的关系十分密切，相互关联又相互影响。因此，把文件和档案纳入一个统一的系统内进行管理，既有利于文件与档案信息资源的系统化优势的发挥，又符合档案馆现代化管理的快速发展需要。

（一）文档一体化系统业务流程

文档管理的实际办公过程比较复杂，有保存价值的电子文件经过整理、鉴定、审核、移交、归档到档案部门管理后，形成电子档案。

（二）文档一体化系统功能结构

通常情况下，文档一体化管理信息系统的功能包括系统维护、收文管理、发文管理、归档管理、文印管理和档案管理。这几个模块相互关联，内部信息集成化共享，真正实现了电子文件到电子档案的自然归档和一体化管理。

1. 收文管理

以电子文件的形式处理和记载上级公文、平级来文，用户可根据公文的登记日期、急缓程度、当前流转状态等过程信息快速有效地找到相关文件并进行相应的操作，主要包括收文登记、收文流转、文件催办、流程监控、文件发布等过程。

2.发文管理

处理并转发内部制定的或外来的文件。电子文件起草后，均须逐级通过各主办与会签部门人员的审批和修改，最后提交领导签发，形成正式的公文，然后登记、归档。主要包括发文起草、发文流转、文件催办、流程监控、发布等主要工作。

3.归档管理

电子文件的归档大多采用两种方式，一是通过机构内部局域网的电子公文传输系统从网上实现自动归档，系统通过归档环节后，电子文件的管理权就移交给档案管理部门，成为电子档案。此时，其他业务人员能够按照系统授予的权限查询电子档案，但不可以修改。档案在归档环节中，系统需要设定各种技术措施如电子签章、完整性验证等手段来确保归档的电子文件是有效的、完整的。这种方式是文档一体化系统内部自动实现的功能，档案管理人员只需要按照系统使用要求进行合理的操作，关于系统的数据备份、安全性等措施需要按照档案法和电子文件归档标准与规范严格进行管理和实施，在系统设计之初，档案业务人员需要提出充分的需求才能保证文档一体化管理系统功能的完整性且符合实际工作的要求。二是各立卷部门在向档案馆移交纸质档案的同时，上交电子载体存储的各种信息，如磁盘、光盘等。这种方式主要用于一些重要的凭证性或机密性电子文件的移交，归档后的管理也应采取相应的物理隔离措施和安全防护方法，特别是涉密档案不能存储在网络上，防止泄密。

4.档案管理

根据国家版本的电子档案归档与管理的相关标准,执行档案的移交、接收、审核、保存、管理、查询、统计以及提供服务利用等工作，档案形成机构可根据档案的信息类别或档案来源建立相应的档案信息资源库，并可根据归档年度、归档部门或档案实体分类等建立快速检索机制，方便借阅和提供利用。

（三）电子文件网络化归档的真实性保障方法

整个过程包括电子文件归档产生的数字化档案信息的形成、归档、管理和利用四个重要阶段，每个阶段都需要采取各种策略和方法保障档案信息的真实性。

现行的电子文件是增量数字档案的原生信息，这个阶段档案信息真实性保障的主要责任人是电子文件连续被处理的多个现行业务工作者，信息系统中常采用的技术保障措施是电子签名、日志跟踪、计算机处理等，在信息系统中记录和保存电子文件的形成、流转、审批到结束现行期业务全过程的原始信息和变动信息，形成电子文件的多个过程版本，并在终稿完成后，在档案专业人员的指导下，及时开展电子文件的归档工作。电子文件在现行期的任务结束后，其真实性风险因素主要取决于人为原因造成修改或者网络黑客有意篡改系统中记录的原始信息、过程信息和终稿内容。因此，保障真实内容的安全方法是建立电子文件的终稿转存库，实现电子文件从现行期系统中自动转入半现行期的提供利用的信息系统中，加强管理，增强系统的自动化处理功能，采取各种有效措施确保终稿的电子文件不被任何人修改。因此，现行期电子文件所生存的办公自动化系统应采用电子签名技术加强对访问该系统的用户身份的认证，在文件终稿形成并进行发文或归档前加盖电子公章以避免被修改，这正是对《电子签名法》的具体实施。

进入归档阶段的电子文件，如果采取网络化归档方式，应重点防范网络上非法访问的篡改行为以及网络传输过程中数据被修改的可能性。这个阶段，建立客户信任的专网传输通道是必要的也是很有效的，利用公网传输的用户可以考虑采用 VPN 技术实现网络化归档，充分采用 VPN 的数据加密、身份认证、访问控制、隧道封装技术等，以保障档案信息从信源真实地传送到信宿。对于密级较高的数据，采取介质归档比较稳妥。当然，这个过程中，归档单位对档案人员工作的管理制度和规范化操作要求依然是非常重要的。在这个过程中，档案专业指导人员的重点在于监督执行，并严格控制由于人工原因造成的失误。

电子文件归档后进入档案及其信息的接收、维护和综合管理阶段，档案馆接收的电子文件应具有法律依据，《电子签名法》规定了电子签名的有效使用方法。因此，档案形成单位在移交电子文件时，需要采取法律上认可的电子签名、电子印章等方法保障准备移交的电子文件的真实性，档案馆在接收档案时应首先验证电子签名、电子印章的合法性，并将归档的信息与电子文件终稿转存库中的信息进行比较，在核实真实完整后，才能正式接收电子档案并将其迁移到档案馆的信息管理系统中，此时还需要在实行物理隔离的档案信息的灾难备份数据库中新增当前的档案信息，然后再开展维护管理和提供利用等工作。

提供利用的档案信息按照档案法、国家保密法规和档案保管条例，一般只在网上提供公开档案信息的服务利用，在档案工作人员严格执法和规范化操作的前提下，破坏档案真实性的风险因素主要来自网上非法用户的恶意篡改、病毒攻击等，因此在提供档案信息网络化利用时，除了加强网络安全防范措施外，还需要对公开档案信息采取灾难备份，并定期对网上提供利用的开放信息进行真实性核对。

由此可见，档案馆制定各个阶段电子文件真实性保障的规章制度将贯穿电子文件生命周期的整个活动过程，建立物理隔离的电子文件终稿转存库和档案信息的灾难备份库是保障档案真实性的有效措施，虽然会增加信息化系统的运行成本，但在确保档案信息真实性方面是非常有效的，也是可行的。

三、文档一体化深化应用的要求

实现文档一体化管理是信息时代档案工作的全新管理模式，是适应电子文件、电子档案管理发展的必然要求。文件、档案一体化管理的最佳实践是，在组织机构内部建立功能涵盖电子文件生命周期业务活动的管理信息系统。

文档一体化的实现，使办公业务实现自动化、规范化，档案管理日趋现代化，具有电子文件从起草时就备份、从办文时就修正、办完后就归档、鉴定及整理等工作都能依靠计算机实现互动管理等优点。当然，开展文档一体化管理工作，对档案工作者也提出了更新、更高的要求，要求工作人员不仅要具有丰富的档案专业知识，还必须掌握现代信息技术，熟练地使用计算机及通信设备。

（一）提高认识、统一思想是文档一体化管理的基本要求

文档一体化的实质是将机构各部门相对分散独立的文件与档案统一为一个有机的整体进行管理。这不仅能够加强档案部门对文件管理的超前控制，保证档案的质量，而且能够实现文档数据的一次输入，多次利用，减少重复劳动，节约人力、财力、物力和时间。然而，要想真正实现文档一体化管理，对档案工作者而言，特别是档案部门的领导，必须对文档一体化管理理念有一个全面、客观、科学的认识，并达成共识，使其充分认识到一体化管理的真正受益者是档案工作者自身，认识到新时期文档一体化的必要性和紧迫性，认识到这是时代赋予当今档案工作者的使命，只有这样才能够顺利推行文档一体化管理，加强自觉性，使他们面对困难，不逃避、不退缩，勇于接受新鲜事物，逐步实施和应用文档一体化管理模式来开展各项业务。

当然，信息化工作是一个长期而复杂的系统工程，需要各单位投入必需的经费支持，这就要求各单位应逐渐增加对档案管理部门的投入，落实档案事业经费，高度重视档案信息化建设，把档案信息化作为机构信息化建设的一个重要内容来抓，统筹规划，同步发展，提高档案管理的工作质量和效率。

（二）加强电子文件管理的标准化与规范化

文档一体化管理，使电子文件与电子档案之间的关系更加密切，把二者放在一个综合的管理系统中，作为前后衔接、相互影响的子系统，统一地组织和控制整个文件生命周期的全过程。由于文件管理与档案管理的这种前后相承的关系，文件管理直接关系到

档案管理的存在和发展，只有文件管理做到标准化、规范化，档案管理才能够顺利地展开。如果文件管理无章可循，紊乱不堪，可以想象档案管理各环节也会陷入忙乱无序的状态，这也会影响综合管理信息系统整体功能的效用。因此，必须强化电子文件管理的标准化、规范化，严格规范表达文件内部特征和外部特征信息的各项数据，为更好地推行文档一体化管理服务。作为档案工作者，应严格按照《档案法》和《电子公文归档管理暂行办法》，参考《电子文件归档与管理规范》，对现行文件管理过程提出各种标准、规范和具体实施要求，从而促进文档一体化管理的规范化和标准化。

（三）加强培训和继续教育，提升档案工作者的综合素质

文档一体化管理要求档案工作者不仅具有档案学基础理论知识及专业知识，还必须掌握现代信息技术，熟练运用计算机及现代通信设备来操作网络化管理信息系统，要求档案工作者不断调整自己的知识结构，提高技能，加强综合素质的培养。如果不熟悉计算机，不懂网络知识，根本无法接受文档一体化管理思路，更无法开展电子档案的管理工作，也不可能参与到电子文件管理的全过程中。因此，加强档案信息化咨询与培训，开展现代档案管理专业知识和档案信息化技术知识的继续教育，是档案部门迫在眉睫的任务，也是实现文档一体化管理的前提。否则，进行前端控制，开展电子文档的完整、有效和安全管理就成了一句空话。

第三节 档案资源多元化利用

一、档案资源的社会化利用

在信息社会和知识型社会迅速发展的 21 世纪，在档案信息化建设与发展的众多方面，无论是技术手段，还是信息资源的有效积累和广泛利用，都必将以档案信息资源的整合、集成、共享、利用作为出发点和落脚点，以传承人类文明，共享信息资源，实现社会的可持续健康发展。

（一）档案资源的知识化积累

档案的形成（鉴定、收集、整理与归档）是从个体知识到组织知识，再到社会知识转换的文化积累、动态跟踪的历史记载过程，档案的开发与利用（编研、开放、发布与利用）

是人类传承文明、创新发展的进步与发展过程。这两个相互衔接、彼此推动的过程循环往复、推陈出新，构成了人类社会的知识化动增长（Adaptive）和社会化自适应的档案资源不断丰富的过程模型。这表明了档案文化通过"传承—积累—发展—传承"这样一种类似于文化加工厂的生产工序，随人类自身的繁衍而形成民族文化生生不已、无始无终的传承环链。

21世纪初，我国的电子政务与各行各业的信息化已经进入了以知识管理为核心的快速提升和综合运营的重要发展阶段，信息技术的发展把知识管理推到了重要的位置，"以知识为基础的经济社会"的提法更表明了人们对知识和技术在经济增长中的作用有了更充分的认识。可以想象，未来的互联网是一个丰富多彩的"知识网"，是一个储存综合知识的文化资源大仓库。档案作为人类社会活动的原始记录者和忠实承载者，记录了人类社会成果的同时也揭示着人类文化，它是民族文化遗产的重要组成部分。同时，档案在文化传承中占据着举足轻重的地位，发挥着不可替代的作用，正是由于有了档案与档案管理，人类才能够不断地在继承中存在、发展，在存在、发展中延续，不断使自己真正成为一个连续的时空整体。档案与档案管理是人类社会时空统一性和连续性的维系之道。因此，档案资源必将会成为未来"知识网"中不可或缺的重要组成部分，世世代代传承着人类的文明。

（二）档案资源的共享化利用

社会信息化使档案信息资源面临着一个全新的生存环境与发展空间。美国档案学者杰拉尔德·汉姆先生曾指出：档案应该记载"人类生活的方方面面"，档案工作者要"创造一个反映普通百姓生活喜好、需求的全新的文献材料世界"，档案馆藏是反映"人类生活的广阔领地"，因此，档案资源唯有回归社会，得到最大限度的利用，才能体现档案保管的价值和作用。事实告诉我们，实现档案信息资源的集成化管理和共享化利用是档案贴近公众、服务社会的最佳解决方案。

要实现档案信息资源的共享化利用，首先必须在档案基础数据库的建设上下功夫。档案基础数据库是建设数字档案馆和开展档案信息化的基础性工作之一，是实现档案信息资源的集成共享、统一管理、高效检索和方便利用的基础信息存储结构，更是国家信息资源数据库建设的重要内容。今天，我们处于信息技术快速发展的知识经济时代，国家、城市综合服务资源库的建设是社会发展的需要，是加强政务公开、实现便民服务的一项基础性工作。我国已经在人口、法人、自然资源与宏观经济四大数据库的建设方面取得较大成效，档案是人类社会活动的历史记载，档案资源的开发利用和档案基础数据库的建设是国家信息资源建设的重要组成部分。可以说，档案基础数据库的建设已经成为各级各类档案馆面向社会提供档案资源利用服务的基本职能，成为我国整合档案信息资源、弘扬民族文化、提高民族素质的历史性课题，同时也是档案工作者采用现代化手段记忆当今社会改革、建设、发展的真实过程，支撑社会经济发展的历史性责任和义务，更是政务公开、提高办事效率和促进科学决策的依据。

为了让数字资源长期保存，数字档案馆等方面开展了一些预见性、前瞻性和应用性研究，相继制定了电子文件管理的元数据格式与规范，研究开发档案管理信息系统、档案资源共享网站系统建设的思路和方法。建设基础数字资源库的宗旨是遵循国际标准，构建跨区域的开放档案的共享资源库，针对公众对档案资源的利用需求提供高效率的查准、查全服务机制。

在我国也有一些省市级档案馆开展数字档案馆建设，制定了符合各地区需求的数字档案的元数据格式规范，建立了档案目录中心，提供部分开放档案信息的检索服务功能，具有典型示范作用。比如福建省档案基础数据库建设，它是基于分布式数据库，在原来单机和局域网络的基础上开发完成，它连接了若干分布式数据库，并建立了档案目录数据库、档案内容数据库等。但是多数档案馆还没有真正建立全面的、系统的、面向公众查档需求的档案基础数据库，而只是建立了一些专门的特定主题的数据库，只能满足一些局部或特定的用户需求，特别是开放的档案信息资源没有实现集成，信息结构不统一，档案数据不系统、不完整、不能共享，更为严重的是，没有形成一个统一的、能够描述数字档案资源的格式规范和建设档案基础数据库的标准方法、实现档案资源的整合、组织与存储的技术方案和行之有效的建设思路。另外，建设档案基础数据库的关键技术如海量、非结构化的数据存储解决方案，基于知识管理的数据仓库和数据挖掘等技术尚未在档案信息化领域得到广泛应用，这些因素都大大降低了档案基础数据库建设的速度和质量，致使各类档案资源难以形成一个统一的资源库整体，限制了档案资源的深层次挖掘和广泛利用。因此，研究档案基础数据库的元数据标准、数字化档案信息的格式规范以及档案基础数据库的建设思路和方法、各类结构化和非结构化档案数据的组织、存储和检索利用的关键技术、整合方案、提供检索服务和共享利用的有效机制等，将成为当前档案馆信息化建设重要的基础性工作。

（三）档案信息服务机制变革

随着全国各行各业信息化进程的加快，档案馆信息化应用也逐渐走向更广、更深的领域。档案信息服务将不再拘泥于传统的、单一的方式，将会有所创新，趋向多元化发展。

1.服务方式由被动性向主动性转变

改变传统的被动服务方式，积极主动地开展档案信息服务。长期以来，在档案信息利用上，总是遵循一种传统的服务方式——"等客上门"。这实质上与信息社会的发展极不协调，不利于档案信息价值的体现与发挥，封闭了档案信息表现价值的众多途径。而档案信息服务方式也必须考虑到档案的特性，"送货上门"也是不行的，不符合《档案法》的基本要求。档案信息的主动服务方式应该是"请客入门"。

具体的措施包括:①开展针对档案利用者的利用需求研究,主动地提供档案信息利用,广泛、深入地研究不同方面、不同层次的利用者;②进行必要的档案宣传工作,社会对档案还没有广泛地认识、了解,利用它就无从谈起了;③提供多种档案信息利用方式,编制多样化的检索工具,形成一个全功能、高效益的检索系统;④加强编研工作,编研成果的出版发行及交流,能将档案价值的精华系统、全面、集中地向社会公布,向档案信息利用者提供有效捷径;⑤拓展档案信息中介服务机构。目前,我国上海、苏州等城市已经出现了这种机构。

2. 服务手段由传统型向现代化转变

计算机网络技术、数据库技术以及多媒体技术的发展使得档案信息服务手段发生了巨大的转变。借鉴相关学科数字化发展的研究成果,实现档案管理现代化应借助于数字化综合管理信息系统,把分散于不同载体、不同地理位置的档案信息资源以数字化的形式储存,以基于对象管理的模式管理,以网络化的方式互相连接,从而提供及时利用,实现档案信息资源共享。我国是发展中国家,经济和技术条件的制约决定了档案管理手段转变的长期性,传统的档案馆信息服务技术与服务手段将得到一定程度上的扬弃,将以新的信息传播循环方式提供档案信息服务。

3. 服务内容由单一性向多元化发展

通过网络等信息技术与其他档案馆、信息机构及整个社会信息资源建立起紧密的联系。其信息服务将增加新的内容:诸如档案信息资源网络化组织管理、档案信息资源的网络导航、档案信息的数字化开发与提供利用、档案用户的教育培训等。例如,在档案利用者的教育培训方面,就要在对利用者进行传统档案检索和获取方式的培训的基础上,重点帮助利用者学会如何利用数字化的信息资源、如何选择档案信息数据库、如何从网上获取所需的档案信息、如何操作远程通信软件等。档案信息组织方式、检索方式、采集方式,较之其他类型的文献信息来说,具有复杂多样、技术含量高、对利用者信息能力要求高等特点,而我国熟练使用档案信息的人很少,所以对档案利用者的信息检索能力、信息获取能力、信息筛选能力、信息识别能力的培养是档案信息服务的一项重要内容。

4. 档案资源由封闭性向开放性转变

在网络环境下,档案馆信息服务资源已不再局限于馆藏档案信息量等指标,而是着眼于档案馆获取档案信息、提供档案信息的能力。所以档案馆在充分开发利用本馆馆藏档案信息外,还必须通过网络检索利用其他档案馆馆藏信息和网上信息资源。建立档案信息资源的现代化管理系统,将档案信息纳入计算机网络,从而达到最快捷的信息资源利用效果。通过网络等信息技术实现档案信息价值的最大化,并最终取得档案信息服务于社会的最佳效果。这需要一个过程,从单机操作到建立档案管理信息系统网络、连接有关信息机构网站,最终并入国际互联网。从我国现实情况来看,这将有一个长远的过程,然而这必将是档案馆信息服务发展的终极目标。

5. 档案资源由单一性向多样性转变

档案馆提供的单一信息服务的资源是以收藏纸质档案为主要内容。在网络环境下,档案馆综合信息服务模式的服务资源则要朝着多种载体形式并存的方向发展,包括各种电子文件、光盘、多媒体、缩微载体和声像载体等，尤其要增加数字化馆藏资源的建设。网络环境下的数字档案馆所拥有的完整的馆藏含义应该是"物理实体馆藏＋数字化馆藏"。我国档案馆在档案信息数据库建设方面的任务是：在保留传统档案文献的同时，应通过协作与协调，在一定程度上对馆藏资源进行数字化，要注意将各馆具有独特价值的馆藏文献数字化，制成光盘或上网传播，使各馆上网信息独具特色，并在此基础上形成一个档案信息网络。

（四）档案文化产业的形成与发展

文化产业在全球范围内是一个新兴的产业。20世纪50年代，文化产业在西方一些发达国家逐渐兴起，随着社会物质文明的进步与发展，追求精神上的享受已经成为一种时尚，甚至成为人们生活的必需。我国文化产业的发展起步较晚，但在教育、体育、旅游、出版、娱乐表演、媒介广告、影视以及印刷、中介、经营、管理、咨询等方面已经形成规模，有相对完整的运作体系。这充分说明了新时期文化产业的形成与发展已经成为我国国民经济发展的重要内容。档案作为网络时代重要的信息资源，在现代知识经济型社会中起着越来越重要的作用，档案业务的开展正在被推向新的工作模式，档案文化的发展也被置于一个全新的市场背景之下。

具有深厚文化底蕴的档案，其固有的知识性、价值性、信息性、凭证性决定了档案是全社会重要的文化资源，具有潜在的开发利用价值和市场需求，这是档案文化产业能够形成的先决条件。这里试着按照文化产业的运作规律定义档案文化产业的理想模式，展望档案文化形成产业必须具备的基础环节以及这些环节之间的协调互动关系。

收集和整理、鉴定和归档业务是档案文化产业链的生存基础。不断积累和丰富的档案随着社会的发展和时间的推移，成为宝贵的社会资源，它的深挖掘、细加工和全方位的开发利用是使档案资源价值增值的基本手段。因此，专业化的编研与开发是产业链活动过程中最重要的内容之一，也是将档案资源转变为文化产品的重要环节。商品化运作是人们认识档案文化产品的根本途径，只有经过流通环节才能变成人们熟知的商品，才能被消费、被吸收，也才能产生更高层次的需求，这是产业链能否形成的核心因素。需求流（即市场信息流）、资源流和资金流贯穿档案文化产业发展的全过程，缺一不可。档案文化产业链中每个环节的活动可以自成体系，各个环节协调运作是档案文化产业链持续存在和良性发展的基本保障。档案文化产业的发展与壮大将会增强人们对档案资源的认知度，吸引更多的投资者，借助于档案文化产品产生越来越多的社会效益和经济效益。

全球经济一体化使得档案文化产业的形成具备了充足发展的条件，但要真正发展起来，形成以档案文化产品为服务对象的产业化服务，还需要根据我国档案事业发展的具体现状，适时、适度地开展，同时也需要看档案从业人员和相关领域的工作人员能否抓住机遇，迎接挑战，开展各项有益于社会发展的档案文化宣传和利用活动。当前，我国的档案事业已经在以公益性档案服务事业为主的基础上，开始了商品化档案文化产品市场的开发与发展，这是适应全球经济发展的重要举措。然而，为适应社会的进步与发展，我们还需要进一步在档案事业和档案科学领域中不断地探索和思考，不断地创新和发展。

1. 更新观念，关注现实，按照先进文化的理念管理档案

按照先进文化的理念管理档案是摆在我们面前的极其重要的任务，也是历史赋予我们的重任。在理论上有所突破的同时，更应关注现实实践的探索与应用。就档案文化产业的功能而言，主要体现在利用档案资源为人类各种活动提供的服务上，而不在于其能否营利和在多大程度上营利；其服务的对象应该有社会性和广泛性，应该包括对社会各阶层、各领域的服务。当然，这种服务有一部分应该是有偿的，但其公益性决定了必须是微利的。事实上，档案的有偿服务已经在档案利用方面体现出来。可以预言，今后可能有多种收入渠道建立起来。档案有偿服务是一个十分复杂的问题，营利在现阶段很难作为档案文化产业建立的前提，档案文化的发展也不可能靠档案部门自身的有偿服务来维系。

2. 调整工作体系，转变职能，创新档案文化发展体制

档案管理体制改革势在必行，应以政府改革为契机，调整档案工作体系，转变职能，适应知识经济时代档案文化发展的需要。可以考虑将学会改为协会，发挥协会工作制的积极作用，将教育培训、沟通协调、评估等协同工作交给协会来开展。政府要把档案工作列入经济社会发展计划，各地方或专业协会的职能要用法律形式固定下来，以协会为纽带，以档案馆（室）为实体，加强档案局的执法监管力度，重构新型的档案管理工作体系。从功能上讲，档案局的工作重点放在如何保证国家对档案的依法管理和国家对档案资源的所有权，主要职能是要体现依法监管和服务。档案协会是以服务为主、监管为辅的行业组织。档案馆是档案工作实体，作为协会成员，应履行会员义务，交纳会费，得到协会提供的服务，并接受协会监管。同时，协会也是档案工作或从业人员利益的保障组织，在"依法治档"和保守国家秘密的前提下开展活动。

3. 以信息化为手段，促进档案行政管理体制改革

现行的档案上墙制度、馆藏优化工作是长期未解决的重大课题。信息化工程的实施可以将档案的实体管理与信息管理实现物理分离，改变或取消多年沿袭的档案上墙制度，仅此一举，就能为档案工作节约巨大的人力物力。在目前情况下，档案信息的网络服务则能从根本打破多年来档案重保管、轻服务的现状，改变人们对档案工作的认知程度，这对开发档案信息资源意义十分重大。我国信息化的理论和实践都证明，在实现管理机构的扁平化、提高行政效能等方面，信息技术起着重要的能动作用。就行业特点来讲，档案也是发挥信息化功能的最好应用领域之一，依靠信息决策依然是档案高层管理的主要理念，特别是办公自动化与电子文档管理的集成，现在和将来都是政务与企业信息化的重要方面。档案信息又成为各类数据仓库与决策支持系统的基础数据组成部分，为电子政务所必需。

4. 开展旨在建设先进文化的各类档案收集、利用、宣传、服务活动和项目

当前我国档案文化产业活动主要依靠政府财政拨款的支持，在一个较长的时期内，仍会以这种方式为主。目前，各类档案文化活动相继开展，如教育、展览等活动取得了

比较好的社会效益。重大事件和个人档案的征集工作也有了新的突破，但在认证服务和各类提供凭证性的服务工作中，作为档案部门的特色服务方面仍无章可循，存在很大的随意性。在现有机制下，档案的收费服务规定也不统一，主要是科技、教育及文化档案本身的市场化利用没能反映知识产权的价值。在以后的改革和新的管理体制下，这些方面应该有所突破。今后，在档案服务方面，通过网络计算机提供的档案信息服务将成为档案文化服务的主流，这种服务无疑是面向全国经济政治的各个领域，其范围也将是全国化和国际化的，如果没有市场化运作的保障机制，将是不可能实现的。

5. 提高档案工作人员或从业人员的综合素质

提高档案工作人员或从业人员的综合素质是档案文化得以发扬光大的关键。近年来，档案人员文化素质的变化很大。但是改变档案人员"档案保管员""资料保管员"的形象以适应现代社会发展，还需要一段较长的时间。档案工作者应该具备所在行业的普遍性常识和档案管理的专业知识，要掌握信息化知识、基本的计算机操作技能和数字化档案的管理与备份技巧，又要有文化产业要求的市场开发能力和服务能力，达到信息时代的公务员与文化工作者的双重要求，这无疑是对现在档案工作者的挑战。

当前，我国正处在以档案文化产业政府监督与资助下的公益性档案服务事业为主、以商品化档案文化产品市场为辅的格局中，各级政府和档案部门正积极筹划，以深化改革为契机，把档案文化推向社会，推向市场。相信将来有一天，人们必定会迎来一个档案事业发展的新时期，档案文化将成为社会文化产业中的一朵奇葩。

二、馆藏档案数字化应用

为适用公众网络化查档和档案信息化管理的多元化需求，馆藏档案数字化和开展档案数字化应用系统的建设已成为现代档案管理的一项重要内容，对档案工作者而言，这也是一项全新的任务，需要在充分认识到馆藏数字化重要性和必要性的基础上，采取有效的策略和方法，开展馆藏档案数字化系统的建设和有效使用。

（一）馆藏档案数字化的意义和任务

中共中央办公厅、国务院办公厅联合发布的《关于加强信息资源开发利用工作的若干意见》中明确指出："高度重视信息资源开发利用对促进经济社会发展的重要作用。信息资源作为生产要素、无形资产和社会财富，与能源、材料资源同等重要，在经济社会资源结构中具有不可替代的地位，已居为经济全球化背景下国际竞争的一个重点。加强信息资源开发利用、提高开发利用水平，是落实科学发展观、推动经济社会全面发展的重要途径，是增强我国综合国力和国际竞争力的必然选择。"国家档案局在《关于加强档案信息资源开发利用工作的意见》中明确指出："充分认识档案信息资源开发利用工作的重要性和紧迫性。"档案作为一种特殊的文化资源，是国家信息资源的重要组成部分，它的开发与利用具有非常广泛的社会价值和实际意义。馆藏档案数字化工作主要包括两项任务：一是将传统载体档案目录进行数字化。二是将档案内容进行数字化。

档案目录数字化的主要工作是对载体档案进行编目，并将目录信息录入到计算机系统中，建立档案目录数据库，利用管理信息系统实现档案目录数据的计算机化管理和目录信息的资源共享。档案内容数字化的主要工作是将馆藏的纸质文件、照片、录音、录像等档案通过扫描、加工、处理（包括去污处理、图像处理、OCR识别等），转变为文本、图像、图形、流媒体等数字格式的信息，存储在网络服务器中，利用计算机及信息系统提供查询、检索和浏览。

（二）馆藏档案数字化的思路与方法

"一切为了用"是开展馆藏档案数字化的主要目的。这就说明了档案馆工作人员不仅要开展档案目录信息的著录、馆藏档案内容的数字化加工与扫描，更需要建立一整套完整的综合业务管理信息系统，加强数字化后的档案信息的利用服务工作。由于馆藏数字化需要花费大量的人力、物力和财力，加之数字化加工过程对档案原件也会有或多或少的损害，所以，不能盲目地赶潮流、追先进，不分先后、不讲策略地将馆内所有档案逐渐进行数字化。

1. 做好馆藏档案数字化的前期基础工作：

需要对哪些档案进行数字化、采取什么方法来开展、数字化加工需要购买哪些设备，除此之外还需要做哪些准备工作以及如何做等，都是馆藏数字化的前期基础性准备工作。

（1）做好可行性论证

要根据档案利用的需要、资金情况、馆内人员知识结构、馆内软硬件平台、馆内信息化应用现状等基本状况，在充分了解和认识馆藏档案数字化系统建设的复杂程度和技术要求之后，做好馆藏数字化系统建设的可行性论证工作，确保系统建设自始至终不被中断，确保数字化后的档案信息能够真正使用起来，见到实效。

（2）选择数字化加工方式

数字化是保管档案过程中所做的一项技术性较强的现代化处理工作，这对习惯了传统管理工作的档案工作人员来说，具有较大的难度。因此，需要提前做好规划，明确系统建设的实施方案。

（3）筹备和落实资金

数字化加工的任务单靠档案馆的人力很难完成，往往需采取商业化的运行模式或外协加工。另外，加工完成后，还需要购买网络化存储设备提供档案信息服务与利用，需要购买各种存储介质进行数据备份，而且数字化加工过程还需要购买保障安全的监控设施和扫描设备，系统实施后还需要聘用系统管理和数据管理人员开展大量运行与维护工作。

2. 确定数字化加工的协作模式

档案内容数字化工作包括数字化预加工和深加工两步，预加工是能够将纸质档案、照片档案、缩微胶片等转变为电子图像文件，不能将纸质档案上的文字信息进行完全处理，深加工则是利用技术含量较高的OCR和语音识别等处理技术获取载体档案中的文字信息，以利于提供全文检索。

馆藏档案数字化工作量大，涉及扫描加工、图像处理、数字信息存储与管理、OCR自动识别等技术，仅依靠档案部门的力量开展系统建设是很困难的事情，为解决这些难题，档案馆要做好以下几项工作：①在系统建设之初就需要开展需求调研与分析，考虑需要购买哪些硬件设备和软件支撑系统以及系统能够实现的自动化程度等，这必然需要开展大量的咨询、诊断和分析等工作，聘请有经验的、开展数字化加工的专业服务机构来协助档案馆开展系统规划是非常必要的；②开展数字化加工，首先要建设一个能够支持加工过程各环节进行数据管理的信息系统，然后再基于该系统有条不紊地开展工作，只有熟练操作和使用各类数字化设备的加工服务人员才能确保速度快、质量高，确保工作的有序开展；③数字化加工完成后，生成的各类电子图像、原文信息.档案目录数据等都需要做关联处理，而且需要以光盘或者网络存储方式进行发、布。信息发布本身又是一个系统，需要专门开发，如果采用成熟的软件将会大大缩短数字化后的档案数据的呆滞时间。目前，市场上开展数字化加工的专业IT公司已经在信息系统建设.加工流水线、安全保障等方面开展了大量的工作，积累了较为丰富的经验。借助于这些IT公司的力量来开展馆藏档案数字化是一个省时、省力、省钱且相对安全的高效方式。

3. 保障数字化档案信息的存储安全

数字化档案信息的安全管理是档案信息化应用的前提条件。档案安全管理的重要性是由档案本身和档案管理的性质决定的，档案信息化建设必须充分考虑电子环境、应用系统和档案数据存储等方面的安全问题，正确处理方便、高效使用与安全管理的关系，不能因过分考虑安全而限制了档案信息的网络化传输与使用，这样将大大降低网络化应用系统的使用价值。对于数字化档案的网络化存储系统，一方面要求使用带自动备份功能的专用服务器和数据库管理系统，能够配置备份作业计划并安全执行，如光盘库、磁盘阵列、专用网络存储设备等，对备份信息能够实现数据的迁移和方便的恢复；另一方面也应同时使用安全介质备份，定期刻录（复制）备份信息，实行异地保管。

4. 提供数字化档案信息的方便利用

馆藏档案数字化的一个根本目的是方便利用，如果将数字化后的图像刻录成光盘存放在库房中，与纸质档案采用同样的管理方式，那么数字化的效果就很难体现出来。只有真正将档案的数字信息放在网络环境中，提供网络化的高效服务，才能确保投资有收益。

第八章 档案信息化管理保障体系建设

档案信息化是一项开拓创新的事业，同时也是一个充满风险的领域。这项事业的健康发展和逐步奏效，需要一系列相互作用、协调配套的支持条件，即档案信息化的保障体系。档案信息化保障体系主要包括宏观管理体系、制度标准体系、安全控制体系、人才队伍体系和信息技术体系。

第一节 宏观管理保障体系

档案信息化是档案事业发展的战略举措，也是档案现代化的立体战役。为了确保这项工作循序渐进、卓有成效，需要自上而下地进行总体规划和精心地组织实施。

一、档案信息化规划

档案信息化规划是档案行政管理部门针对档案信息化事业发展制定的全局性、长远性谋划，是对发展目标、任务、措施的宏观思维、精准描述和权威部署，是反映发展规律、驾驭发展大局、破解发展难题的顶层设计，具有定位目标、激发士气、凝聚人心、统一步伐的作用。

（一）规划制订的原则

1. 统揽全局的原则

规划首先要明确档案信息化的指导思想、基本目标、工作任务、措施步骤、保障体系、评价指标等。为此，档案信息化规划要有前瞻性、系统性、严肃性、权威性和操作性。在目标的确定上既要起点高，又不能不切实际地盲目拔高；在任务的确定上既要全面覆盖，又要重点突出；在措施的确定上既要宏观布局，又要微观落地；在保障体系的确定上既要营造动力机制，又要设定约束机制；在评价指标的确定上既要定性，又要尽可能定量。特别要做到与本单位档案事业发展规划和本地区信息化发展规划相衔接，争取取得组织、资金和人力上的支持。为了落实好规划，要建立集规划制订、协调、监督、意见反馈、补充完善于一体的规划执行机制。通过落实责任、考核和目标管理，努力实现预定的信息化蓝图。

2. 分步实施的原则

档案信息化涉及面广，工作量大，制约因素多，因此不可能毕其功于一役。在制定规划时，要充分考虑国家、地区信息化战略的实施进度、档案信息化的近期需求，档案基础工作条件，管理制度和业务规范的配套情况，以及经费、人力的投入能力等。要在全局性、长远性目标的指导下，根据需要和可能，将总目标分解为若干阶段性目标，以便分步实施。阶段性目标要处理好前后衔接关系，每一阶段的目标任务既要继承前阶段的成果，又要为后阶段创造条件。特别要将档案信息资源建设列入阶段性目标的主要任务，并提出量化的指标要求，如电子文件归档和传统存量档案数字化应当达到多少百分比等。

3. 需求驱动的原则

长期以来，信息技术领域有一句行话"以需求为导向"，它是信息技术应用的一条重要规律。现代信息技术几乎无所不能，然而，只有与特定的需求相结合，才能实现信息化的价值。需求决定计算机应用的发展方向、检验标准和实际效能，是信息系统建设的出发点、归属点和动力源泉。不重视需求或找不准需求，必然使档案信息化偏离正确的轨道，甚至付出沉重的代价。

4. 突出重点的原则

所谓突出重点，就是规划要满足重点需求。需求是一个相当具有"弹性"的概念，在分类上有一般需求和主要需求、潜在需求和现实需求、表面需求和本质需求、当前需求和长远需求等。突出重点就是要在调查研究的基础上，分析出和把握住主要需求、现实需求、本质需求、当前需求和紧迫需求。为此，在制定规划时，要从本单位、本行业的实际出发，以问题为导向，以必要性和可行性统一为基础，找准需求，定义总目标和阶段性目标，一步一个脚印地有序推进档案信息化工作。

（二）规划制定的步骤

1. 组织机构

档案信息化规划的制定事关大局、事关长远，应当建立由单位主要领导主持，信息化管理人员、相关业务技术人员和档案管理人员参加的规划起草小组，具体负责规划制定的全过程工作。为了开阔眼界，借用外脑，还可以聘请外单位有关档案信息化的专家，对规划起草人员进行培训，对起草工作给予咨询、审核、把关，或直接负责规划的撰写工作。

2. 调查研究

调研主要包括四个方面：一是对国际、国内、本地区、本行业档案信息化发展战略和规划的调研，了解其对档案信息化目标、任务、措施的定位，以便于为本单位规划制定提供参考。二是对同行业或相近行业档案信息化的先行单位进行调研，以便学习和借鉴他们的成熟经验。三是对社会信息化发展状况进行调研，了解其软硬件技术发展水平，以及哪些技术适用于本单位。四是对本单位档案工作和档案信息化需求进行调研，发现和分析存在的问题，研究利用信息化手段破解问题的对策。

3. 撰写规划

对调研结果进行归纳总结，撰写调研报告。根据调研报告撰写规划大纲，并征求有关领导、专家或业务技术骨干的意见。根据拟定的规划大纲，撰写规划初稿。初稿完成后组织专家进行科学性和可行性论证，并广泛征求机关各业务部门和相关单位的意见，修改完善后交本单位领导审核、签发，然后正式颁发。

4. 规划颁发

规划颁发时要一并提出规划执行的指标要求、进度要求和责任要求，并按照"言必信，行必果"的要求，跟踪规划的执行情况。

（三）规划的主要内容

1. 回顾总结

回顾总结本单位档案信息化的进程、现状，取得的基本经验或主要体会，以及存在的主要问题。对于尚未建立档案管理信息系统的单位可以总结本单位档案工作的现状，以及为档案信息化创造的基础工作条件，如档案制度化、标准化建设，档案资源建设、档案人才队伍培养等。

2. 目标定位

目标是对档案信息化建设预期前景和效果的描述。目标可以分总体目标和具体目标两部分。目标定位要有以下"五个度"：高度，即体现高起点、高标准、高水平；宽度，即做到档案业务工作的全覆盖；深度，即要致力解决发展中遇到的热点、难点问题；亮度，即要有创新点和闪光点；温度，即要满怀热情地贴近时代、社会、生活、百姓。总目标的实施周期应尽量与本单位发展规划相吻合，一般为五年。

3. 任务部署

任务是对目标的细化。目标一般比较原则、概括和宏观，任务则要尽量具体和微观。任务一般按档案信息化的要素细分，包括基础设施建设、信息资源建设、应用系统建设和保障体系建设等。任务部署要尽量做到定时、定量，如纸质档案数字化工作每年要达到多少页、占馆（藏）总量的百分比是多少等。

4. 措施落实

措施是指实施档案信息化的必要条件，一般包括人员观念的改变、档案基础工作的跟进、技术平台的建设、信息安全的落实、资金持续投入以及人才队伍培养等。其中档案基础工作部分要特别强调"兵马未动,粮草先行",即提前、重点做好电子文件归档、纸质档案数字化工作。

二、档案信息化组织

制定科学的规划是档案信息化的起点和前提,它使信息化建设者在目标、任务、措施等方面达成了共识、统一了步骤。接着,就需要通过强有力的组织,即通过指挥、协调、监督、指导、服务等管理方式和行政手段,确保规划的贯彻落实。执行力不足会使一个好的规划流于形式,创新规划的执行体系和执行手段,是提高规划的权威性和约束力的关键举措。

(一)思想观念更新

档案信息化是新时期档案工作顺应潮流,抓住机遇,加快发展的重大战略。规划是战略实施的顶层设计,是长远性、全局性的谋划,是避免战略实施随意性和盲目性的有效举措。只有充分认识规划实施的重要意义,才能增强实施规划的责任心和自觉性。

同时,要认识到实施规划要有新思路、新对策。要改变过去重规划,轻实施;重技术,轻管理;重平台建设,轻资源建设;重档案科研,轻成果应用等片面、落后的观念。以崇尚科技、重视改革、锐意进取、尊重人才、创新务实、真抓实干的新思路、新对策,来破解规划实施中的难题,化解来自各方面的阻力,推进规划的顺利实施。

(二)组织体系创新

档案信息化应当是"一把手工程",必须由机构的主要领导分管档案信息化工作,并建立集规划、执行于一体的档案信息化主管部门,才能及时高效地协调处理档案信息化建设中遇到的复杂关系,避免因多头管理而造成政出多门、相互推诿的现象。

档案信息系统的建设和运行涉及与外界系统的互联。前端与办公自动化互联,确保对归档电子文件的前端控制。后端与本单位各种业务系统互联,确保为社会或本单位行政业务系统提供档案信息服务。单靠档案部门难以处理与档案外部系统的关系,必须由本单位主要领导牵头挂帅,才能做好跨部门的组织协调工作。为此,各单位分管档案工作的领导应当同时分管档案信息化工作,负责实施档案信息化规划的各项组织工作,负责将规划实施列入本单位信息化发展规划和年度计划,使这项工作在机构、岗位设置、人员、经费投入等方面得到满足,保障规划的实施。

（三）管控措施到位

档案行政管理部门要对规划的实施采取有力的管控举措：

1. 要保持规划的权威性和严肃性

对已经列入规划的每项任务都要言必信，行必果，对规划后未执行的任务要追究原因和责任；按照规划制订有关项目的实施方案，规定具体的实施内容、进度、要求，一抓到底，直至见效；将规划实施的组织、协调、监督、指导纳入档案工作的法规、制度、标准、规范系统中去，纳入行政部门工作的职责和考核办法中去，通过档案法治和行政的手段，防止发生档案信息化不作为或乱作为现象。

2. 要夯实档案信息化的各项基础工作

档案信息化建设的重点是档案信息资源建设。为此，要围绕档案信息资源管理的目标和任务，扎扎实实地做好传统文件和电子文件的积累、归档，以及归档后的档案鉴定、分类、组卷、著录、编目、数据录入、档案扫描、档案保管、档案划控等基础工作，利用数据库技术，建立起大规模、高质量的档案信息资源总库，为档案信息系统运行提供优质的信息资源。

3. 要确保规划实施的各项投入

切实按照规划要求落实软硬件网络平台、应用系统、数据资源、人才队伍、保障体系等各项建设任务。对建设项目的完成情况和实用效果进行科学的后评估，并将后评估的绩效列入档案信息化建设单位业绩考核的指标。资金投入要避免重硬件投入，轻软件投入；重技术性投入，轻管理性投入；重一次性投入，轻持续性投入的倾向，使资金投入在发展阶段、发展要素、发展层次上有合理的结构比例。

（四）科研教育跟进

鉴于档案信息化具有知识密集和技术密集的特点，档案科研和教育已成为档案信息化的两个重要支柱。为了更好地发挥科研工作对档案信息化的引领作用，要加强对档案信息化项目的选题指导、立项审查、实施跟踪和结题评审等环节的全过程管理。对不可行的项目在立项阶段就予以否定。对科研项目的结题评审要严格把关。对重点科研项目要组织各方力量联合攻关，特别要加强档案局（馆）、高校档案学专业和信息技术开发公司之间的联合，从档案专业和计算机技术的紧密结合上提高科研成果的质量。要加大档案信息化科研成果的推广力度，充分发挥理论成果对实践的指导和引领作用。要采取有效的行政手段和考核措施，大力推广集成化、通用化的数字档案室和数字档案馆应用系统，彻底改变过去各自为政，重复建设，自成体系，难以互联的粗放型发展模式。

第二节 标准规范保障体系

数字档案的载体、信息和生存环境的不稳定，使其真实、完整、有效和安全性面临严峻的挑战，管理问题相当复杂。为此，特别需要靠标准体系来规范管理者的行为，使档案信息的制作、加工、采集、保存、保护、鉴定、整理、传递等环节都处于受控状态。标准规范体系对档案信息化的意义十分深远。

标准是为了在一定范围内获得最佳秩序，经协商一致制定并由公认机构批准，共同使用的和重复使用的一种规范性文件。标准化是指为在一定的范围内获得最佳秩序，对实际或潜在的问题制定共同的和重复使用的规则的活动，即制定、发布及实施标准的过程。

进入 21 世纪以来，我国有一批档案信息化的国家标准、行业标准和地方标准相继出台，但是从总体讲，配套性和系统性还不够，与信息化发展的要求相比显得比较滞后。进一步完善档案信息化标准规范体系，是当前档案信息化面临的迫切任务。

一、标准规范建设的原则

制定我国档案信息化标准规范，要符合中国国情，符合国家信息化工作的基本方针，同时兼顾与相关国际标准和发达国家档案信息化标准的衔接，并且遵循以下原则。

（一）适度超前原则

档案信息化标准是对档案信息化建设过程中出现的各种重复性事物和概念所做的统一规定，标准的对象在档案信息化建设中是随着时间的变化、技术的更新而不断变化的。因此，在档案信息化标准规范建设过程中，要考虑信息时代和网络环境的变化，要有前瞻性和预见性，能在一定程度上预测社会和技术的发展方向，并充分考虑相关标准的制定时机，坚持适度超前原则。标准的制定时机过于超前，可能会使标准因缺乏实践基础而偏离主题，甚至给档案信息化工作造成误导；过于滞后，则会造成大量既成事实的不统一，需要耗费大量的人力、物力进行返工统一。档案信息化标准规范建设，要在有初步经验的基础上，根据现实情况并结合未来档案信息化发展状况开展相关工作。

（二）坚持开放原则

当今社会是一个开放的社会，各行业的开放程度、行业之间的交叉融合程度越来越高。在进行档案信息化标准规范建设过程中，应自始至终坚持开放性原则。

1. 要采纳各种开放标准

开放标准是指那些知识产权明确属于公共领域、采用开放语言和标准格式描述、有可靠的公共登记和持续的维护机制、有可靠的开放转换和扩展机制、公开发布详细技术文件并可公共获取的标准规范。在档案信息化标准规范建设过程中，首先应考虑采用开放标准，既可以避免重复劳动，又可以保证较高的标准化水平。

2. 要采纳各种国际标准

国际标准是由国际标准化组织所制定的标准，是由世界各国的专家参与制定的，它含有大量科技成果和成熟的管理经验，代表着当代科学技术和生产管理水平。档案信息化建设并不是我国独有的工作，世界各国的同行们都在进行这一项工作，其中不乏一些起步较早，水平较高的档案信息化建设案例。在档案信息化标准体系建设过程中，应认真学习先进的国际标准，并根据自身的实际情况进行定制、修改及扩展，既能保证标准水平的提高，又能加快我国档案信息化建设与国际接轨的速度。

3. 要参照相关专业的信息化标准

"他山之石，可以攻玉"。档案工作与图书馆工作、情报工作、博物馆工作等相关专业工作存在着一定的相似性。在进行档案信息化标准体系建设过程中，应当充分吸收相关专业在信息化标准建设方面的成功经验，尤其是图书馆在信息化标准体系建设方面较成功的经验。

4. 要考虑与相关标准的兼容性

在制定本单位、本行业标准规范时，要注意处理好和国际、国内信息界相关标准规范的兼容关系，还要注意和其他相关领域，如电子政务、数字图书馆建设之间的兼容关系，特别要处理好与国际、国家、行业、区域有关标准规范之间的兼容关系，以便在档案信息系统建设后能与其他相关系统顺利衔接资源共享。

（三）动态管理原则

档案标准化过程并非一蹴而就，而需要在实践中不断补充、提高、扩展。动态性原则是指要根据档案信息化建设的实践发展，对标准不断进行修订、充实和完善。档案信息化建设是一个长期的过程，在这个过程中，标准规范的对象会随着时间的变化而不断发生变化。特定的标准是根据特定的时间、特定的环境、特定的对象制定的，虽然要求标准制定者在制定标准时，要充分考虑到未来的变化，但是预测与变化往往会有偏差。因此，标准制定完毕后，要根据实施情况及规范对象的变化及时进行修订。由于信息技术发展迅猛，因此，对于档案信息化方面的标准，实施后 3~5 年就要进行审视。对于不适应实际的标准，要及时废止；对于部分不适应，要及时部分更新；标准规范的制定或修订既要针对档案信息化出现的新情况和新问题，又要尽量继承以前标准规范的条款，保持标准的稳定性，避免大起大落，以免使实践工作无所适从，陷于被动。

二、标准规范建设的主要内容

档案信息化标准规范建设可以从管理、业务、技术和评价等层面来制定和推行。

（一）管理性标准规范

管理性标准规范是对电子档案信息资源建设和档案信息化建设、运行维护工作进行管理的一套规则，包括计算机安全法规与标准、数字档案信息资源合法性的确认等，它需要国家档案行政管理部门统一制定并推广实施，以保证电子档案信息的统一规范和资源共享。

档案信息化管理性标准规范包括两个方面：一是对人的管理性标准，主要是指对与档案信息化建设相关的人员进行管理的标准，包括档案工作人员管理标准、软件设计人员管理标准、用户管理标准、用户角色控制标准、用户权限审批标准等，明确档案工作人员的职责和任务，以及用户的权利和义务，以保证档案信息化建设各项工作的正常开展。二是对物的管理性标准，主要是指对数字档案信息资源实体的全过程规范化管理，以及对信息化设备，如机房、硬件、软件存储载体的规范化管理，主要规范这些资源可以给谁用、如何使用和如何保管的问题。

（二）业务性标准规范

业务性标准规范是对档案信息化及电子档案业务处理进行的规定，解决业务操作行为不统一的问题。其范围包含与档案信息化相关的术语标准；档案信息采集标准，包括数字信息资源建设所涉及的数字化加工、元数据、资源创建、描述等；信息管理标准，包括数字信息资源组织、资源互操作；信息利用标准，包括数字信息资源检索、服务；信息存储标准，包括数字信息资源长期保存等；电子档案的术语标准及管理规范，包括电子档案的基本术语、资源的标识、描述电子档案的文件格式、元数据格式、对象数据格式等。

目前，国家档案局正在组织力量制定《档案数字资源加工规范》《电子文件档案著录规则》《电子文件保管期限表》《电子文件鉴定标准》等。这些标准的制定，除了参照国家关于纸质档案的有关规定外，还参考国际档案理事会和其他国家或机构制定的相关标准。

（三）技术性标准规范

技术性标准规范是对档案信息化及电子档案管理有关技术应用进行的规定，主要解决技术应用不适当而导致的质量问题。其范围包括硬件基础设施建设技术标准、软件系统工作平台技术标准、数据存储压缩格式规范、数据长期保存格式规范、数据加密算法规范、网络数据传输规范、数字水印标准等。

目前，国家档案局正在自主制定或联合相关部门制定的技术性标准规范有：《档案信息应用系统技术标准》《档案信息数据存储、压缩格式规范》《数据加密算法规范》《数字水印标准》《电子档案存储格式与载体规范》《照片档案数字化技术规范》《电子文件元数据标准》等。

（四）评价性标准规范

评价性标准规范是对档案信息化及电子档案管理的成果和效用进行评判的指标体系，包括档案信息系统（涵盖数字档案室、数字档案馆、电子文件归档管理等系统）的研制、档案信息资源的开发和利用、信息安全、信息技术应用的广度和深度、信息化人才开发、信息化的组织和控制、信息化的效益等评价的标准。其中信息资源开发和利用应该是测评指标体系中的重要部分，可细化为馆（室）藏档案数字化的数量、多媒体编研成果的种类和数量、数字信息的提供利用方式、数字档案的利用频率等。

三、标准规范的贯彻落实

标准一旦颁布生效就应当具有严肃性和权威性。为了更好地落实档案信息化标准规范，要做好以下工作。一是档案信息化标准规范的宣传教育。通过举办专题培训班，或将有关标准内容纳入档案专业培训课程，宣传有关标准规范贯彻的意义、目的、内容、要求。二是采取行政手段，加强对档案信息化标准规范的宣传贯彻力度，做好常态化督促、检查和指导工作。三是将档案信息化标准规范的执行情况纳入信息化项目的评审、鉴定、验收程序和要求中，贯标通不过，责令整改，整改通不过，项目不予通过验收。有了规范要做规矩。所谓"做规矩"就是要对不贯标的档案信息化建设项目敢于否定，对貌似可行的违反规范项目及时制止。从建设项目立项评估、可行性研究等前端开始，就给予强有力的标准指导和贯标监管。四是档案信息化标准规范建设要与时俱进。档案行政管理部门要收集贯标工作的信息反馈，及时发现标准规范脱离实际的情况，以便在调研分析的基础上对有关标准规范进行修订。五是档案信息化标准规范的修订要倾听行内有关领导、专家、业务骨干、计算机专业人员的意见，充分参考图书、情报、文博、电子商务、电子政务等相关标准，以便使标准规范做到向上、向下和横向兼容，确保其开放性、先进性和适用性。

第三节 信息安全保障体系

档案是国家的宝贵财富，是不可再生的重要信息资源，又具有一定的保密性，因此建立档案信息安全保障体系显得尤为重要。档案信息安全保障能力已经成为检验档案信息资源的保护能力、利用服务能力和档案事业软实力的重要指标。

档案信息安全，是指构建动态的档案信息安全保障体系，确保档案信息的真实性、完整性、保密性、可用性、可控性。要保证档案信息的安全，就必须考虑到硬件、软件、数据、人员、物理环境、人文环境等多方面要素。档案信息系统的复杂性、开放性及面临威胁的多样性，决定了其安全防护是一项整体性的、综合性的系统工程。

档案信息安全保障体系由档案信息安全法律法规体系、安全管理体系和安全技术体系三部分组成。

一、安全法律法规体系

信息安全首先需要建立档案信息安全法律法规体系，做到有法可依。该法律法规分布于档案专业的内部和外部。内部有涉及安全问题的档案法律法规，外部有涵盖档案管理的信息安全法律法规。

（一）涉及安全问题的档案法律法规

《中华人民共和国档案法》是我国档案法律法规的基石，在《档案法》及其实施办法的基础上，近年来我国档案界陆续制定出一些关于或涉及档案信息安全的规章、标准和规范性文件。

（二）涵盖档案管理的信息安全法律法规

我国档案信息化建设尚处发展初期，专门针对档案信息安全制订的法律法规较少，档案信息安全法律法规体系的主要内容仍由涵盖或涉及档案信息安全的信息安全法规构成。这些综合性的信息安全法律法规为档案信息安全提供了基本的法律规范，也应列入档案信息安全法律法规知晓和执行的范畴，同时，对制定和完善档案信息化的专门法律法规具有依据和参考价值。

在行政法规与规章方面，国务院、各级地方政府陆续制订了一系列信息安全规范。归纳起来，国家和地方各级政府制定的有关信息安全的法规制度，主要是从机房建设的安全保护规范、通信设备进网认证制度、国际接口专线制度、国际联网经营许可证制度和接入登记制度、联网备案制度、安全等级制度、安全产品销售许可证制度、保护信息安全规章、网络利用限制和安全责任制、计算机病毒防治制度、安全报告制度、安全违规犯法惩治制度等方面对信息安全进行规范。

国内许多行业还根据自身的实际情况制定本行业的信息安全保护规章，以加强金融系统的信息安全保障。在上述安全法规的基础上，档案界加强了对档案信息安全的行政执法，认真查处档案信息安全隐患和档案违法案件。随着信息技术的不断发展，档案工作者应不断进行档案信息化安全管理的研究以及跟踪最新的安全技术，对档案信息化安全管理工作的效果进行及时的分析和评估，不断完善安全防范体系。在保障档案信息安全的过程中，逐渐健全档案信息安全管理制度，提高管理人员的安全意识以及管理水平，充分发挥档案工作人员、技术人员以及用户的积极作用，为推动我国档案信息化安全保障工作贡献力量。

二、安全管理体系

档案信息安全是基于技术的管理工程。从管理层面上讲，就是要确保档案信息的安全，必须在风险分析的基础上确立档案信息安全的策略、方针和目标，成立相应的管理机构，确立合理的管理机制，制订安全管理计划，分解安全管理职责，执行安全管理制度和管理标准，建立并实施完善的档案信息安全体系。因此，风险识别与风险评估是档案信息安全管理的基础，风险控制则是安全管理的最终目的。

（一）档案信息安全系统管理模式

新的风险在不断出现，档案信息系统的安全需求也会随之不断变化，因此安全管理应是动态的、不断改进的持续发展的过程。档案信息安全管理模型可选择 PDCA 模式，即计划（Plan）、执行（Do）、检查（Check）和行动（Action）的持续改进模式。采用 PDCA 管理模式，每一次的安全管理活动循环都是在已有的安全管理策略指导下进行，每次循环都会通过检查环节发现新的问题并采取行动予以改进，从而形成安全管理策略和活动的螺旋式提升。

信息安全管理 PDCA 持续改进模式把 PDCA 管理模式与安全要求、风险分析有机地结合在一起，考虑了信息安全中的非技术因素，同时加强了信息安全管理，具有广泛的适用性。

（二）档案信息安全系统管理的具体实施

在档案信息安全管理模式中，档案信息安全管理中心是整个系统的核心，每一个环节都要定期地与档案信息安全管理中心进行安全信息交流，当档案信息安全管理中心认为有必要对其安全目标进行修改时，要及时向上级领导汇报，等待最终的定夺。

1. 完善组织机构

有条件的档案部门可以成立档案信息安全管理中心，负责实施和监控整个档案信息安全管理活动。安全管理中的每一个环节都必须与安全管理中心进行信息交流，安全管理中心还具备评价数字档案信息安全管理体系运作情况的功能，可以对安全方针、安全制度和安全措施的实施结果进行调查，并分析这些安全举措对档案信息安全的影响，然后提出相应的改进方案。数字档案信息安全管理中心由部门领导、信息管理专家、信息技术专家和技术雄厚、人员稳定的开发队伍、有关的工作人员组成。

2. 进行风险评估

根据最新的研究数据，在全部的计算机安全事件中，约有 60% 是人为因素造成，属于管理方面的失误比重高达 70% 以上，在这些安全问题中 95% 是可以通过科学的风险评估来避免的。

因此，档案部门必须清楚档案信息系统现有以及潜在的风险，充分评估风险可能带来的威胁和影响，这是档案信息化建设必须首先解决的问题，也是制定信息安全策略的基础与依据。进行风险评估，不只在明确风险，更重要的是为数字档案信息安全管理提供基础和依据。

风险评估是一项费时、需要人力以及相关专业或业务知识支持的工作。风险评估应遵循以下原则：

（1）安全、风险和成本均衡分析原则

即用最小的成本达到适度安全的需求。

（2）整体性原则

运用系统工程的原理进行网络信息安全的整体解决方案设计，以达到完整性的要求。

（3）可用性和易操作性原则

信息安全系统对于操作者应该是可用的，操作应该是简单易行的。

（4）适应性和灵活性原则

安全策略必须随着网络性能和安全需求的变化而变化，适应性强，易修改。

3. 制定安全策略

制定档案信息的安全策略，要在完善配套、科学合理的有关数字档案信息安全的法治和标准体系下，通过有效的信息安全技术和安全管理遏制来自外部和内部的攻击，增强安全防护能力和隐患发现能力，确保数字档案信息资源内容和信息载体的安全，达到所需的安全级别，具体安全策略可分为内部建设安全策略和网间互联安全策略等，循序渐进并逐步加以完善，最终形成功能强大的数字档案信息安全管理体系。

制定安全策略时不能脱离实际，过于理论化或限制性太强的安全策略可能导致工作人员的漠视。因此在安全策略制定时必须遵循以下原则：越符合现状越容易推行，越简单越容易操作，改动越小越容易被接受。档案信息安全策略需要根据信息技术发展、自身的安全需求进行不断修改和更新，以保证档案信息安全不受新的信息安全风险的影响。

4. 开展数字档案信息安全管理培训

开展数字档案信息安全培训是档案信息安全管理体系的重要环节之一，特别是各关键岗位的人员，对档案信息的安全起到重要作用。在实际工作中，大部分档案信息安全问题都是由人为因素造成的。人本身就是一个复杂的信息处理系统，还会受到自身生理因素和心理因素的影响，受到技术熟练程度、责任心和道德品质等多方面的影响。因此对于档案部门工作人员的培训不应是"一次性"的活动，需要定期对人员进行安全策略及安全技术的"应知、应会"培训，尤其是安全策略更改或面临新的安全风险、部署新的安全解决方案之后，更要对其加强培训，以保证安全策略的有效程度。

5. 贯彻执行管理决策

管理决策的贯彻执行必须依靠人来完成，虽然档案信息安全保障体系的建设涉及档案部门方方面面的因素，但根本的因素是"人"。没有机构人员的认可、理解与支持，就没有实施数字档案信息安全管理保障体系的前提；没有档案部门的有力组织协调，则很难保证信息系统建设的顺利进行；没有相关实施人员的互相配合和出色工作，无法使信息系统中各模块的信息无缝集成；没有具体业务人员及时准确地收集各种基础信息，就没有信息系统的输出；没有资深咨询顾问的正确指导，信息系统实施就难免多走弯路，甚至有可能失败。

6. 持续完善管理体系

首先，确定待评价系统的边界和范围，明确评价的目的，以系统整体为立足点，总体分析各方面的效益与成本，以及其与系统各构成部分的关系；其次，确定待评价系统的状态与所处的阶段，如可行性分析、总体设计、系统开发与运行等各阶段；再次，选择适当的评价方法，如结果观察法、类比－对比法、专家评价法或评分法等，确定适当的评价指标；最后，收集有关数据、资料进行分析、计算，得出评价结果，并将评价结果书面化。根据评价结果进行不断完善，提高档案信息安全管理体系及具体实施过程的有效性和效率，以满足自身、用户和其他相关方日益增长和不断变化的需求与期望。

三、安全技术体系

目前，档案信息安全在技术方面主要采用信息加密技术、信息确认技术、访问控制技术、病毒防治技术、审计技术、防写技术等。

（一）加密是为了保障信息安全

加密是保障信息安全最基本、最经济的技术措施，也是大多数信息防护措施的技术基础。加密的作用是防止敏感的或有密级限制的信息在传输过程中泄密。

文件加密所采取的加密算法形形色色。据不完全统计，目前已经公开发表的加密算法多达数百种。电子文件加密的基本过程是：存储或传输前将原先借助相应的软件可以识读的数码序列（称为明文）通过数学变换（加密运算）变成无法识读的"乱码"（称为密文或密码）；利用时再通过数学变换（解密运算）将"乱码"还原成可以识读的数码序列。其中，加密运算和解密运算都是在一组密钥控制下进行的，密钥是控制加密算法和解密算法实现的关键数据。

密钥对非授权者是保密的，因此，可防止非法用户破解密钥而窃获文件内容。根据文件加密和解密时所使用的密钥是否相同，加密算法可以分为对称加密解密法和非对称加密解密法两种。

在对称加密解密法中，加密密钥和解密密钥是相同的，或者知道其中一个密码就可以方便地推算出另外一个密码，因此密钥必须绝对保密。问题是，在发送加密文件之前首先通过安全渠道将密钥分发到双方手中，其传递中很容易造成秘钥泄露。而且，如果某涉密文件分发的单位多，密钥的安全控制会有很大的难度。这种方法在对涉密文件进行静态管理时比较有效，如自己撰写的保密文件给自己使用，防止被人偷看。目前，Ｗord、Ｅxcel文件的加密就是采用对称加密解密法。然而，如果涉密文件需要传输，特别是在大范围传播时，就需要用下面的方法。

非对称（又称双钥）加密解密法中，加密方和解密方使用的密钥是不相同的，密件经办人需预先准备两把钥匙，一把公钥，一把私钥。当发送密文时，发送者使用收文者的公钥，将文件加密后发给收文者，收文者收到密文后，用自己的私钥解密文件。由于只有拥有该私钥的收文者才能解密这份文件，所以文件的传递过程是安全的。

（二）信息确认技术

对于纸质文件，以往用书面签署或签印的形式将责任者名字或责任者特征（如指纹）固化到文件载体上，借助纸质文件载体与内容的不可分离性来证明文件内容的原始性和真实性，使文件具备法律效用。这种方法显然不适用于不具有恒定载体的电子文件。对于虚拟流动的电子文件，信息确认技术起到了相当于签署纸质文件的作用。

信息确认技术通过一定的技术手段防止文件的内容被非法伪造、篡改和假冒，同时用来确认文件的发出、接收过程及利用者身份和权限的合法性。完善的信息确认方案应能实现以下四个目标：

第一，合法的文件接收者能够验证其收到的档案文件是否真实。

第二，发文者无法抵赖自己发出了所发的文件。

第三，合法发文者以外的人无法伪造文件。

第四，发生争执时，具有仲裁的依据。

实现上述目标需要综合采用多种技术手段。目前，常用的有数字摘要技术、数字签名技术和数字水印技术。

1. 数字摘要技术

文件的发送者采用某种特定算法（摘要函数算法）对发文进行运算，获得相应的摘要（即验证码），摘要具有这样的性质：如果改变发送文件的内容，即便只是其中一个比特，获得的摘要将发生不可预测的改变。摘要将作为发送文件的一部分附加在文件后一起发出，接收者则利用双方事先约定好的摘要算法对收到的文件做同样运算，并比较运算所得的摘要与随文件发送来的摘要是否一致，以此鉴定收到的文件是否在发送过程中受到篡改。如果摘要函数（相当于前面的密钥）仅为收发文件的双方所知，通过上述报文认证即可达到信息确认的上述四个目标。这种方法的缺点是：因收发文双方使用相同的摘要函数，因而，摘要函数本身的安全保密性是一个很大的问题，多次使用的摘要函数一旦被第三者窃获，报文认证便不再安全。

2. 数字签名技术

随着我国《电子签名法》的生效，数字签名在法律与技术上走向成熟。数字签名是指数据电文中以电子形式所含、所附用于识别签名人身份并表明签名人认可其中内容的数据，而数据电文是指以电子、光学、磁或者类似手段生成、发送、接收或者储存的信息。

从技术上看，数字签名是非对称加密技术的一种，其基本原理类似于上述报文摘要技术。首先，签名者使用签名软件对拟发送的数据电文（电子文件）进行散列函数运算，生成报文摘要；然后，由签名软件使用签名者的私钥对摘要进行加密，加密后的报文摘要附着在电子文件之后，连同签名者从认证机构处获得的认证证书（用以证明其签名来源的合法性和可靠性）一同传送给文件接收者。文件接收者在收到上述信息后，首先使用软件用同样的散列函数算法对传来的电子文件进行运算，生成报文摘要，同时，使用签名者的公钥对传送而来的报文摘要进行解密，将解密后的报文摘要和接收者运算生成的报文摘要进行比较，如果两个摘要一样，就表明接收者成功核实了数字签名。在核实数字签名的同时，接收者的软件还要验证签名者认证证书的真伪，以确保证书是由可信赖的认证机构颁发的。经核实的数字签名向文件的接收者保证了两点：第一，文件内容未经改动；第二，信息的确来自签名者。

签名者所用的数字签名制作工具（公钥、私钥、散列函数、软件等），不是由签名者自行制作的，而是由合法成立的第三方电子认证服务机构在充分验证发文者真实身份后提供的。电子认证服务机构颁发的数字签名制作数据及认证证书相当于网上身份证，帮助收文、发文者识别对方身份和表明自身的身份，具有真实性和防抵赖功能。与物理身份证不同的是认证证书还具有安全、保密、防篡改的特性，可对电子文件信息的传输提供有效的安全保护。

3. 数字水印技术

数字水印类似于传统印刷品上的水印，用以鉴别电子文档的真伪。它是在传输的文本、图像、音频、视频等电子文件中附加一个几乎抹不掉的印记，无论文件作何种格式变换或处理，其中水印不会变化。该印记在通常状态下隐匿不现，除非用特殊技术检测。一旦这种水印遭到损坏，文件数据也会受到破坏。

上述信息确认技术的实质是，文件发送者将签署信息（加密运算方法）以不可分离的方式与文件内容（而不是纸质文件的载体）"编织"成一体，使他人无法在不改变签署信息的前提下改变文件内容，或者相反（就像无法不改变载体而改变纸质文件上的内容一样），而收文者则通过验证其信息内容中的签署信息来证实文件内容的原始性和发文者的原真性。

（三）访问控制技术

访问控制是信息系统安全防范和保护的主要策略，其任务是杜绝对系统内电子文件信息的非法利用和蓄意破坏。访问控制技术种类繁多，且相互交叉，目前主要有以下两类：

1. 防火墙

防火墙是设置在被保护文件系统和外部网络之间的一道屏障，以防止发生不可预测的、潜在的、破坏性的侵入，它可通过监测、限制跨越防火墙的数据流，尽可能地对外屏蔽系统内部的信息、结构和运行状况，实现内部网络的安全保护。防火墙可分为外部防火墙和内部防火墙。前者在内部网络和外部网络之间建立一个保护层，以防止"黑客"的侵袭，挡住外来非法信息，并控制敏感信息被泄露；后者将内部网络分隔成多个局域网，以此控制越权访问。防火墙可以是一个路由器、一台主机，也可以是路由器、主机和相关软件的集合。

电子文件系统在选择、使用防火墙时，应对防火墙所采用的技术、种类、安全性能及不足之处有充分认识：

（1）防火墙的安全性能和通信效率

认真权衡防火墙的安全性能和通信效率，在文件安全和方便利用两者之间将安全放在第一位。

（2）中小型的文件管理系统

对于中小型的文件管理系统，如果系统内外交换的信息量不是很大，信息重要程度属于一般，可以采用数据包过滤和代理服务型防火墙；而对于大型文件管理系统或信息安全要求较高的系统，可以考虑采用复合型防火墙。在系统安全和投资费用之间应进行权衡，不可不计代价地追求超出可能风险的安全性。

（3）了解防火墙自身的局限与不足

对防火墙进行管理时，除了解防火墙的益处之外，还应了解防火墙自身的局限与不足。

（4）防火墙内部的管理

使用防火墙对外隔离时，不能忽视防火墙内部的管理，因为许多攻击来自内部。必要时可设置第二道防火墙，使内部网络服务器对内也被隔离（但这样会大大降低系统的效率）。

（5）采用国内自主开发的防火墙产品

为更好地保护文件管理系统，尽量考虑采用国内自主开发的防火墙产品。

（6）经国家认证的产品。

防火墙属于信息安全产品，国家规定实行强制认证，在文件管理系统中使用的防火墙必须是经国家认证的产品。

2. 身份验证

为防止未经授权的用户操作文件管理系统中的各类资源，通常在用户登录或实施某项操作之前，系统将对其身份进行验证，并根据事先的设定来决定是否允许其执行该项操作。验证过程对用户而言就是要提供其本人是谁的证明。身份验证的方法很多，并且不断发展。但其验证对象有三：所知信息（如口令）、所持实物（如智能卡）、所具特征（如指纹、视网膜血管图、语音等）。口令是最普通的手段，但可靠性不高，智能化的"口令"是系统向被验证者发问的一系列随机性问题，以其回答来验证身份。以指纹、视网膜血管图、声波纹进行识别的可靠性较高，但需要使用指纹机等特征采集设备，代价较大。智能卡技术将逐步成为身份验证技术的首选方案。智能卡是密钥的一种媒体，性状如信用卡，由授权用户持有并由该用户赋予其一个口令或密码字。该密码与内部网络服务器上注册的密码一致。为提高身份验证的可靠性，可将上述三种手段结合起来使用。

（四）病毒防治技术

即使采用防火墙、身份验证和加密技术，文件系统仍然可能遭到病毒的攻击。防治病毒包括两个方面：一是预防，在系统或载体未染毒之前采取有效措施，防止病毒感染。二是杀毒，在确认系统或载体已染毒后彻底将其清除。防毒是根本，杀毒则是补救措施，目前普遍使用的是以特征扫描为基础的杀毒软件。

文件网络环境下的防毒、杀毒需要注意以下几点：

第一，从客户机和服务器两个方面采取杀毒防毒措施。电子文件管理系统有的采用客户机／服务器模式，客户机、服务器都可能遭受病毒侵害，因此，必须同时展开防毒杀毒工作。作为局域网入口的工作站，不仅受病毒攻击的可能性更大，而且数量较多，管理分散，往往是最薄弱的环节，必须重点设防。对于功能简单的工作站尽可能设置成无盘工作站，并在所有工作站上都安装防病毒卡或芯片。服务器是整个网络的"中枢神经"，是网络信息资源的集中地，是防毒工作的重点。防止服务器被病毒感染的主要措施是：尽量少设超级用户；将系统程序设置为只读属性，对其所在的目录不授予修改权和管理权等。

第二，由于病毒不断变异，杀毒软件也不断升级，网络管理员与档案管理人员应注意及时更新杀毒软件的版本类型，选用最先进、可靠的防杀网络病毒软件。

第三，加强对网上资源的访问控制，防止非法用户进入网络，充分利用网络操作系统和文件管理系统所具有的安全管理功能。

防毒杀毒是一项系统工程，必须从管理和技术两方面着手，采取综合措施建立起完善的病毒防治体系。

（五）审计技术

审计技术旨在记录电子文件运行处理的全部过程，抑制非法使用系统的行为。采用审计技术的电子文件管理系统将自动记录下系统运行的全部情况，形成系统日志。系统日志类似于飞机上的"黑匣子"，是系统运行的记录集，内容包括与数据、程序以及和系统资源相关的全部事件的记录，如机器的使用时间、敏感操作、违纪操作等。审计记录为电子文件真实性的认证提供了最基本的证据，借助系统日志，管理员可以分析出系统运行的情况，追踪事件过程，排除系统故障，侦察恶意事件，维护系统安全，优化对系统资源的使用。系统日志包括哪些内容必须根据文件系统的安全目标和操作环境个别设计。

（六）防写技术

防写技术是保障电子文件内容不被修改所采取的安全技术，其目的是通过技术手段来固定处于静态的电子文件的内容信息。大多数文件管理系统具有将运行其中的文件属性设置为"只读"状态的功能，在只读状态下，文件内容只能读取，不能更改，除非具有高级权限的用户来更改文件的"只读"属性。

第四节　人才队伍保障体系

在档案信息化进程中，知识和掌握知识的人才是事业获得成功的决定性要素，也是信息化保障体系建设的核心任务。信息技术的发展已经为档案信息化提供了优越的条件，然而，技术的日新月异，也对档案信息化人才提出了越来越高的要求。如何培养好、使用好各类人才已经成为档案信息化实力的主要标志。

一、人才队伍的素养要求

（一）创新思想观念

观念虽然无形，但是对提升档案信息化人才的决策能力和执行能力具有决定性的作用。为此，需要培育以下七种新思维：

1. 开拓思维

树立追求理想、崇尚科技、奋力改革、不断开放、不畏艰险、不甘落后、奋勇拼搏、图存图强的开拓意识，破除守旧、畏难、不作为的落后意识。

2. 战略思维

战略是对事业发展全局性、长远性的谋划，战略眼光是大视野，战略目标是大手笔。为此要将档案信息化和社会发展的大趋势，如改革开放、经济繁荣、知识管理、文化传播等紧密联系起来，将社会需求作为档案信息化的目标，形成科学的"顶层设计"，自上而下、积极稳步地组织和推进档案信息化工作，改变过去各自为政、分头重复建设的粗放型发展格局。

3. 策略思维

策略是又快又好地实现战略目标的最佳路径。当前针对档案信息化的薄弱环节，应当实行"内合外联"的策略，即对内实行档案技术和信息资源的整合，以整合的实力提升外联的能力；对外实行与外部信息系统的外联，将优质档案信息资源接收进来，辐射出去，使档案信息系统成为社会信息的集散枢纽。

4. 人本思维

档案信息系统要真正做到"以用户为中心"，即以档案利用者和档案工作者应用度、满意度作为信息系统建设的出发点和归属点。为此，信息系统要尽可能满足用户，特别是社会大众的需求，且做到操作简便，界面友好，富有人性。

5. 开放思维

网络化是一个开放的平台，只有开放才能充分发挥网络化的优势。因此，档案信息系统要积极致力于与各种社会信息系统互联互通，无缝对接，在互联中获取更多的数字档案资源，在网络化服务中提升档案工作的社会影响力和认可度。

6. 忧患思维

电子档案的存储密集性、传播快捷性、技术依赖性和表现虚拟性，使其失真、失全、失效、失密的风险日益增大，而且数字化带来的灾难往往具有一瞬间、毁灭性的特点。由此，档案信息化建设要居安思危，未雨绸缪，警钟长鸣，一手抓技防，一手抓人防，两手都要过硬。

7. 辩证思维

档案信息化会遇到许多矛盾的对立面和统一体，如资金的投入与产出、数据的存入与取出、配置的集中与分散、信息的共享与保密、文件的有纸与无纸、资源的增量与存量等，需要我们用联系的方式和发展的眼光去认识，处理好对立统一的关系，避免非此即彼或顾此失彼的僵化思维方式。

（二）重构知识结构

按照档案信息化的需要，现代档案工作者的知识结构需要作以下补充：

1. 信息鉴定知识

信息时代的档案信息在规模上是海量的，在门类上是多维的，在价值上是多元的。档案工作者只有具备电子档案信息内容价值和技术状况的鉴定知识，才能及时、准确地捕捉和收集具有档案价值的信息，并根据其重要程度划定保管期限。

2. 科学决策知识

档案信息化迫切需要科学规划。档案工作者只有具备开展调查研究，制定科学战略规划和规划实施方案的能力，才能把握大局，把握方向，登高望远，运筹帷幄，避免信息化走弯路，受损失。

3. 宏观管理知识

档案行政是档案信息化的直接动力。档案工作者应当具备组织、指挥档案信息化工作的业务能力，有关档案信息化法规、制度、标准、规范的专业知识，以及从档案业务和信息技术的结合上依法行政的执行力。

4. 需求分析知识

档案信息系统建设须以用户为中心，需求为导向。为此，档案工作者应能对档案信息的现在用户和潜在用户，当前需求和未来用户需求，本单位内部需求和社会大众需求，进行全面的、前瞻的分析，并对档案信息系统的信息需求、功能需求和性能需求进行准确的描述和规范的表达。

5. 系统开发知识

为了实现档案业务和信息技术的完美结合，档案工作者必须全程、深度参与档案管理信息系统开发。为此，档案工作者需要学一点软件工程的理论和软件开发的技术，学会用信息技术的专业语言与信息技术人员进行沟通，准确表达档案工作者对信息系统建设的需求。

6. 系统评价知识

评价是系统维护和改进的前提。档案工作者要具备评价档案信息系统质量的能力，能从档案管理和计算机技术的专业角度，评价档案信息系统的间接效益和直接效益，评价系统管理指标、经济指标和性能指标，并能对系统存在的问题提出改进的意见和建议。

（三）提升操作技术

1. 信息输入技术

能够采用传统的键盘输入技术，先进的语音、文字、图像识别输入技术，数据导入、导出转储技术，数码摄影、摄像技术，快速、准确地输入文字、图像、声音、视频等信息。

2. 信息加工技术

能够采用信息检索工具，从指定的网页、服务器、脱机载体中采集档案信息；按照档案的形式和内容特征进行分类；按照档案的内在联系进行组件、组卷或组盘；采用自动或手工方式对档案进行著录和标引，以及对档案元数据进行采集、封装和管理。

3. 信息保护技术

熟悉或掌握数据库管理、数据组织、数据迁移、数据加密、数字签名、脱机存储、网络访问控制数据容灾，以及维护电子档案真实性、完整性、有效性和安全性等技术。

4. 信息处理技术

熟悉或掌握文本编辑、图像处理、视频编辑、文件格式转换、数据下载或上传等技术。了解或掌握档案多媒体编研技术，能围绕特定主题，将编研素材编辑制作出档案编研成果。

5. 信息查询技术

能够按照用户查档要求，正确选择检索项、关键词、主题词、分类号，并正确组织检索表达式，对在线或离线保存的文本、超文本全文信息进行检索，并对检索结果进行打印、下载、转发等处理。

6. 信息传输技术

包括采用电子邮件、短信、微博、微信等手段接收和传播文本、图像、声音、视频等各类档案信息。

（四）优化队伍结构

档案信息化建设的人才队伍至少需要以下四种类型的专业人才，特别需要兼备两种以上特质的跨界复合型人才。

1. 研究型人才

档案信息化需要科学的理论指导，没有理论指导的实践是盲目的实践，脱离实践的理论是空洞的理论。研究型人才是理论的探索者和实践的导向者，其主要责任是：研究档案信息系统建设的理论；探索电子文件归档管理和电子档案科学保管、远程利用的方法；研究新技术、新方法在档案领域的应用；研究、开发先进、适用的档案信息管理软件；提出电子文件和数字档案管理的标准规范；主持或参与档案信息化科研工作；从理论和实践的结合上指导档案信息化工作的开展；培养档案信息化建设人才。目前，档案信息化研究者主要由档案信息化工作者和高校师生构成，他们有各自的优势，却又各自存在理论与实践方面的不足。最好是两方面研究者进行强强联合、优势互补，促进理论和实践的紧密结合和良性互动。

2. 管理型人才

档案信息化是复杂的系统工程，需要实行严格的目标管理和精细的过程控制。管理型人才的主要责任是：掌握国内外档案信息化建设的现状、经验教训、发展趋势；制定切实可行的档案信息化战略规划和实施方案；制定相关的管理办法和标准；组织、指挥、督促、指导本地区及本单位的档案信息化工作；协调档案信息化建设和其他外部信息系统建设之间的关系；培养和使用档案信息化人才资源；有效筹集和合理使用信息化建设资金等。目前，各机构的档案信息化管理职能多数由档案管理人员担任，他们具有传统档案管理的理论知识和实践经验，但是，往往缺乏信息化知识和技能，又由于公务繁忙，缺乏接受信息技术继续教育的机会，可能造成档案信息化管理上的缺位或错位。由此，亟待通过各种途径，提高现有档案行政干部的信息化素养。

3. 操作型人才

档案信息化涉及的环节多、操作性强，需要一大批既懂档案管理业务，又熟悉计算机操作技能的操作型人才。这类人才的主要责任是应用计算机网络技术，从事档案数据积累、归档、组卷（组件）、分类、编目、扫描、保管、鉴定、检索、数据备份等操作，他们的工作重复、枯燥，容易因疲劳、烦躁而出差错。而他们的工作责任心和操作能力，直接关系档案信息资源的安全、质量和价值。对他们的素质要求是具备强烈的信息安全意识、高度的工作责任心和熟练的操作技能，例如纸质档案扫描，只要求掌握规范的操作流程和方法，以及必要的图像处理技术。操作型人才的培养需要短期的突击培训，而更主要靠在实践中锻炼成才。

4. 其他型人才

（1）法律人才

档案信息化建设，特别是网站建设，可能涉及保密、隐私保护、知识产权、合同管理、网络安全等法律问题，需要具有相关法律知识的人才提供法律支持。

（2）外语人才

外资、中外合资企业的档案信息系统和档案信息资源往往涉及大量的外文，需要外语人才。

（3）数据库管理人才

数据库定义、运行维护、资源配置、权限设置、数据迁移等都需要数据库管理的专业知识，此项工作往往由本单位信息技术人员担任，如果数据库服务器设在档案部门的，档案部门也需要配备这样的专业人才。

（4）多媒体编研人才

如果本单位需要大量从事多媒体档案编研工作的，则需要配备必要的多媒体档案编研人才，以便从事对多媒体档案收集、整理和编辑工作。

值得指出的是，以上人才结构的落实，关键在档案部门的岗位设置。由于各单位受人力资源编制的限制，从实际出发，以上人才岗位的设置，既可以是专职，也可以是兼职，如果是兼职的话，不宜兼职过多，以免影响其专业能力的发挥。

二、人才队伍建设的策略

（一）预测与规划

人才的引进与培养不可能一蹴而就。特别是从档案队伍中培养信息化人才需要较长的时间。为此，各单位要按照本单位、本行业档案信息化长远规划和可行条件，分析人才总量、结构、分布与需求的差距，对人才需要进行前瞻性预测，对人才引进和培养方式进行决策、制订计划、纳入编制，然后有步骤地引进和培养人才。规划要综合考虑到人才的知识结构、技能结构和类型结构。

（二）组织与管理

1. 加强人才队伍建设工作

各机构要真正树立起科技是第一生产力和人才是"第一资源"的意识，把档案信息化人才队伍建设工作摆上重要议事日程，定期讨论研究，解决人才配备、培养、使用中遇到的难题。

2.加强人才资源的行政管理

人力资源管理人员要注重发现有潜质的人才,将他们安排在适当的岗位,为他们提供施展才华的舞台;要培养人才的创业精神和实践能力,对在信息化建设中做出贡献者给予必要的奖励;要提供必要的工作条件,保障经费,加强对信息化人员的继续教育和岗位培训,提高他们的综合素质、服务意识和档案信息安全意识;要重视对人才理论、人才成长规律和管理规律的研究,学习借鉴国外人才资源开发的经验。

3.加强督促检查,狠抓落实

定期对档案信息化人才队伍建设情况进行调查研究、督促检查。建立一套符合人才成长规律的工作制度和人才成长的良好氛围,为建设素质优良、结构合理、队伍稳定、技术精湛、经验丰富,并具有敬业精神的档案信息化人才队伍提供各种支持条件。

(三)培养与使用

1.人才培养途径

(1)对现有档案人员的教育与培训

加强档案业务人员培训是解决档案信息化建设所需人才的主要措施,是提高现有档案人员信息化能力和技能的主要途径。

在培训内容方面,《全国档案信息化建设实施纲要》提出:"坚持各级档案部门领导干部进修制度,把档案信息化建设相关的计算机应用基础知识、数字化技术知识、网络技术知识、现代管理技术知识等列入指导性教学计划;加强对档案业务人员应用新技术、新设备、新方法的培训,普及信息技术知识,提高档案业务人员掌握和运用现代化技术的技能。"

在培训方式方面,要把档案部门自主培训和社会辅助培训结合起来,发挥各方面的优势,增进培训效果。档案部门自主培训的方法包括建立人才培训中心,根据实际需求分期分批地进行轮训,有条件的单位可以设立研究机构,培养高级信息人才。借助社会协助培养包括利用高校优势,加大档案信息专业培训力度、与国内外教育或信息技术机构合作建立人才培训中心,选拔有培养前途的档案业务人员到高校深造。不管采取何种培训方式,首要的一点是要有科学的规划和必要的投入。有了规划,人才培训机制才能得以建立,培训工作才能坚持始终。投入,则是培训工作的资金保证。没有投入,即便有再好的规划,培训工作也难以落实。同时,要把档案信息化建设的实践作为锻炼队伍培训人才的过程,成为边学习、边实践、不断总结、不断提高档案业务人员信息化建设能力和实际操作技能的过程。

（2）引进人才

档案信息化建设需要的信息技术、信息管理专业人才，很难在短时期内从档案工作者中培养。为了满足急用之需，需要从社会上引进 IT 人才。引进的人才一定要综合素质高、事业心、责任心强，信息技术能力强，团队协作意识强。为此，在引进人才时要严格审核，特别要考察其解决实际问题的能力，避免盲目引进。对引进的 IT 人才，要尽快使其掌握档案理论和业务知识。

（3）短期聘用人才

IT 人才也分各种层次和专长，他们适用于档案信息化建设的各个阶段和岗位，如系统分析员适用于系统建设的前期阶段。该阶段结束后，就不需要系统分析员了。因此，档案信息化建设中涉及的一些高级技术人才和纯技术性工作的人才，可以用外包、合作或聘用的办法加以解决。档案信息化建设所需要的法律人才、外语人才、多媒体编研人才、数据库管理人才、系统维护人才，也都可采取这种方式解决。

2. 人才培养方式

人才培养的方式应当是多层次的。高等院校是档案信息化专业人才的培养基地，具有较强的师资力量、较高的科研水平和完备的教学设施，是我国档案人才培养的骨干和主体。因此，必须通过继续教育、岗位培训、专题短训等方式，对具有档案专业背景和信息技术背景的人才，按照"缺什么，补什么"的原则，进行各种专业知识和技能的突击培训，完善人才的知识结构，以解档案部门复合型人才缺乏的燃眉之急。

3. 人才的使用

档案信息化建设要想吸引人才，留住人才，调动人才为档案事业奉献的自觉性和主动性，就需要制定相应的人才吸引政策；关注和解决档案信息化人才的切身利益；给人才安排适当的岗位，使其发挥专长；给人才提供继续教育和实现自身价值的机会，真正做到以"事业留人""感情留人""适当的待遇留人"，真正做到人尽其才，才尽其用。

第五节　信息技术保障体系

改革开放以来，我国档案事业坚持信息化带动战略，取得了长足进步。实践证明，以信息技术应用为先导的科技创新，永远是档案事业科学发展的不竭动力。当前时代正面临新一轮信息技术革命的浪潮，为了更好地抓住信息技术革命的先机，紧密跟踪、研究和自觉应用新一代信息技术，需要增强对新技术发展和应用趋势的认识。

一、新一轮信息技术发展的"四化"

当今时代，在社会需求的驱动下，信息技术的发展精彩纷呈，并呈加速度的态势。

归纳起来有以下的"四化"：

（一）移动化

笔记本电脑、智能手机、移动电视、平板电脑以及各种电子阅读器的迅速普及，加上各种无线、宽带互联技术的迅猛发展，使包括多媒体在内的各种信息的处理、传播具有更强的移动性、便捷性、普及性。

（二）融合化

融合化的标志是移动通信、有线电视和互联网三网融合，手机、电视机和计算机三机合一。主流网络和先进终端设备的融合，加上移动 4G、5G 和 WiFi 无线宽带技术的普及，以及包括多媒体、高清、数码压缩、媒体播放器等影像技术的飞速发展，使人们可以利用碎片时间上网工作、学习、交友、娱乐，从而使网络使用更加人性化、私密化、娱乐化、交互化、移动化，也使各种大容量高清多媒体信息被移动地、流畅地浏览，跨越时空，进一步深入社会各领域，改变人类的生活方式。推而广之，目前新兴的信息技术，包括云计算、大数据、物联网等都是融合技术，"互联网+"讲究的也是融合。档案信息化要密切关注和应用新兴信息技术的融合优势。

（三）虚拟化

虚拟技术是利用计算机模拟某种时空环境，使人们在虚拟环境中感受真实环境，从而省却了置身真实环境所需的资金投入或安全风险。如虚拟终端技术可将某应用软件推送到各台低配置的终端机上，终端机只需要浏览器，不用下载和安装软件，即可享用千姿百态的网络资源。目前虚拟终端、虚拟服务器、虚拟存储、虚拟桌面等技术迅猛发展，随着云技术的普及应用，虚拟技术与商业运作模式结合起来，必将迅速拓展到社会生活的各个方面。在档案信息化中，虚拟档案馆、虚拟档案室的应用将使数字档案馆、数字档案室建设向更加专业化、规模化、集成化和高效化方向发展，使未来档案信息系统以更低的成本和风险，更高的质量和效率运作。

（四）依存化

未来信息技术的应用都不是异军突起、孤军作战，各种新技术必将更紧密地相互依存、集成，优势互补，浑然天成，如云技术就融合了网格技术、虚拟技术、分布技术、资源均衡技术等。同时，新技术的应用将更加依赖运行的环境体系，如云技术应用就需要依靠法治化、规范化的商业运作模式。由此，对各种信息技术的综合化、集成化应用，以及在新技术应用中各种保障措施的及时配套跟进，将考验档案行业驾驭信息技术的能力和智慧。

二、信息技术新发展对档案信息化的影响

信息技术对档案工作的影响是把"双刃剑"。只有正确认识和科学应用信息技术，才能趋利避害，给档案工作发展带来正能量。信息技术在档案信息化领域中的应用前景十分宽广，以下简单介绍和评述新一轮信息技术对档案工作发展的影响，希望引起档案工作者的密切关注。

（一）图像采集与识别技术

为了适应多媒体和全媒体技术的飞速发展，近年来计算机图像采集与识别技术日新月异。该技术对档案信息化的影响是：

1. 图像采集技术

包括数码摄影、摄像、扫描等图像采集设备的功能日益强大，使用日益便捷，由此催生了海量的、高质量的图像信息。一方面，使多媒体档案的收集、整理、保管、保护面临巨大的压力和难题。另一方面，使档案资源增添大量生动直观的优质信息资源，弥补了传统文字档案可视化不足的缺陷。

2. 识别技术

包括生物识别、图像识别、磁卡识别、电子标签（即射频识别技术，简称 RFID）等识别技术的日益成熟和成本下降，为档案信息化的应用创造了充分的条件，在辅助档案实体的档案进出库登记、借阅登记、归还登记、入库档案清点、档案库房安全管理等方面有广阔的应用前景。

3. 手机二维码技术

该技术已经广泛应用于社会各领域，也可用于档案用户身份识别、文件防伪和网站快速定位等，显著提高档案信息主动推送和档案网站快速访问的效率，进一步促进档案事业的社会化。

4. 光学字符识别（OCR）

该技术使图像信息迅速转换为文字信息，便于将目前大量扫描形成的图像档案文件转换为档案大数据，便于当代大数据技术的应用，为档案的内容管理和全文检索奠定宝贵的基础。

（二）存储技术

随着数字信息存储技术的飞速发展，涌现出存储区域网络、网络附属存储、云存储、固态硬盘、存储卡、磁盘阵列、磁带库、光盘、光盘塔、光盘库等新型存储技术和存储设备。该技术对档案信息化的影响是：

1. 海量化存储技术

存储海量化、载体密集化、存取快捷化，一方面更有利于发挥大数据电子文件存储密集、传播方便的优势，有利于大容量多媒体电子档案的长期保存；另一方面也增加了电子档案信息失窃、失落、失真、失密的风险，使电子文件安全保管面临更大的挑战。

2. 集群存储技术

多台服务器"团队作业"的集群存储技术能显著提高档案信息系统的快捷性、稳定性和灵活性，有利于大数据档案的安全存储、高效处理和广泛共享。

3. 自动采集元数据技术

如今计算机的各种移动终端都可以为我们的操作行为自动留痕。手机和相机的摄影、摄像都可以自动记录拍摄的日期、位置（GPS 信号）、版权等元数据，有效地保护、管理和利用这些信息，可以使电子文件元数据管理真正从理论探索走向实践，显著增强电子文件的真实性、完整性、有效性和还原历史的能力，由此确保电子文件的档案价值。

4. 固态硬盘技术

该技术的普及将使信息存储更加稳定、处理更快捷，也使移动终端更加轻便、省电。这将有利于档案数字化信息的长期保存和保护，同时也将加速档案服务终端的移动化进程。

（三）检索技术

检索技术包括搜索引擎、网络机器人、智能检索、图像检索等。该技术对档案信息化的影响是：

1. 检索功能智能化

使计算机对自然语言（如关键词）的检索具有一定的语义推理、扩检能力，可显著提高查全率和查准率并方便用户，将广泛应用于档案检索。

2. 检索条件图像化

将过去的通过文字检索转变为通过图像检索，如指纹、照片检索，从而显著提高影像档案的检索能力，给检索手段带来革命性的变化。

3. 检索服务简单化

使各种移动终端和搜索引擎的使用更加"傻瓜化"，从而使检索服务更加人性化，如检索后提供自动摘要、自动跟踪、自动漫游、机器翻译、动态链接等，网络机器人技术可以对特定的检索需求进行定制，自动挖掘互联网信息。

4.检索领域多样化

可提供多语种、多媒体服务，还能提供政治、军事、金融、文化、历史、健康、旅游等各种专题的个性化服务，这些都能使档案检索系统的设计更好地面向用户，深入满足大众的各种档案需求。

（四）移动终端技术

移动终端技术包括 4G、5G 通信技术、移动电视、平板电脑、电子阅读器技术等。该技术对档案信息化的影响是：

第一，基于 5G 通信的移动技术，使过去的移动脱机终端向移动互联网终端发展，可将任何公开的档案信息在任何时候提供给任何地点的档案用户，使档案利用彻底打破时空障碍。

第二，终端的移动性更强，智能化程度更高。智能手机、平板电脑、电子阅读器、电脑等性价比迅速提升，使档案的远程移动检索成为可能。

第三，智能终端操作系统及应用技术迅猛发展，为档案信息采集、处理、编辑、利用、传播提供了丰富的功能，也为档案事业发展提供有力的技术支持。

第四，人机交互技术日益更新，包括触屏技术、语音处理技术、体感动作识别技术等使移动终端的用户界面更加友好，吸引越来越多的档案用户，进一步扩大档案工作的社会影响。

（五）融合技术

融合技术包括三网融合、三机合一和物联网技术。"三网融合"是指电信网、广播电视网、互联网三类网络的融合；"三机合一"是指电视机、电脑、手机三类终端之间的信息互联，功能优势互补；"三网融合"是"三机合一"的基础；物联网（LOT）是物物相连的互联网，其核心和基础仍然是互联网，然而，通过识别器、传感器、控制器等技术，形成人与物、物与物之间相联。该技术对档案信息化的影响是：

第一，使网络用户遍及社会生活的各个领域，档案信息系统只要搭上"三网融合、三机合一"的平台，就将显著提升其社会影响力。

第二，使多媒体信息的制作、编辑、传递、检索更加方便快捷，同时为多媒体信息的广泛传播及其开发、利用提供了先进的平台。

第三，有利于减少基础建设投入，简化网络管理，降低维护成本，进一步提高网络资源共享利用水平。

第四，物联网将进一步提高档案自动化管理水平，在自动调阅档案卷、手机遥测并控制档案库房温湿度等方面有广阔应用前景。

（六）影像技术

影像技术包括数码相机、摄像机、多媒体、流媒体、3D 展示、数码压缩、触摸屏等技术，该技术对档案信息化的影响是：

1. 影像清晰度的日益提高

使多媒体档案的记录质量和利用价值进一步提升，为档案的编研和社会服务开辟新的领域，同时也使影像档案存储更加海量化，对档案的收集、整理和长期有效保存提出了新的挑战，并对档案存储密度和档案信息传输的带宽提出了更高的要求。

2. 流媒体、媒体播放器和数码压缩技术的发展

将使多媒体档案的网络传播速度更高，编辑效率也越高，终端播放更加流畅。

3. 多媒体编辑工具的功能日益强大

多媒体编辑工具的功能日益强大并向移动终端延伸，为档案多媒体编研技术的普及创造了条件，也将促进档案多媒体编研工作的广泛开展。

（七）安全技术

安全技术包括数字签名、数字印章、数字加密、防火墙技术、备份技术等，该技术对档案信息化的影响是：

1. 由单一安全产品向安全管理平台转变

档案信息系统安全防护技术将借助先进的管理平台成为一个有机组合的整体，而不是仅依靠单一的安全防护产品，头痛医头，脚痛医脚。

2. 由静态、被动防护向动态、主动防护转变

档案信息系统可采用动态、主动的安全技术，如应急响应、攻击取证、攻击陷阱、攻击追踪定位、入侵容忍、自动备份、自动恢复等防御网络攻击。

3. 由基于特征向基于行为的安全防护转变

过去档案信息系统按特征拦截黑客攻击存在较大的漏洞，而基于行为的防护技术可做到疏而不漏。

4. 内部网安全技术得到发展

网络安全威胁不仅来自外部网络，有时内部网的安全威胁更大。因此，档案信息系统内部网络安全技术将越来越得到重视。

5. 信息安全管理由粗放型向量化型转变

对档案信息安全状况检测和评估的量化,将改变过去凭经验、模糊化的粗放管理方式,使安全控制更加有效。

6. 基于软件安全的方法及相关产品将快速发展

软件是信息网络安全的"灵魂",发展基础性档案信息安全软件,有利于从根本上杜绝安全事故。

鉴于以上发展趋势,今后档案信息的安全管理将趋向于合理地选择和配置先进适用的网络安全技术,制定安全管理策略和正确使用安全技术。

三、云计算技术在档案信息化中的应用

云计算是当前信息技术领域的热门话题之一,正受到社会各界的高度关注,并将使档案信息化面临一系列新的机遇和挑战。

(一)云计算的概念及特征

云计算是一种基于互联网的计算方式。这种方式利用分布式计算和虚拟资源管理等技术,通过网络统一组织和灵活调用,将分散的信息资源集中起来形成共享的资源池,并以动态按需和可度量的方式,向使用各种形式终端的用户提供服务。在云计算环境中,应用软件直接安装到了"云"端的服务器中,而不是用户终端上,用户仅需要通过 Web 浏览器登录到"云"端的管理平台就可以使用软件并得到所需服务。"云"是对计算服务模式和技术实现的形象比喻。"云"由大量基础单元——云元组成,各个云元之间由网络连接,汇聚成为庞大的资源池。

按照云计算服务提供的资源所在的层次不同,可以分为 IaaS(基础设施即服务)、PaaS(平台即服务)和 SaaS(软件即服务)三种服务方式;根据服务对象的不同,则可以分为面向机构内部提供服务的私有云、面向公众使用的公有云以及二者相结合的混合云等。

(二)云计算用于档案信息化建设的优势

采用云计算技术能够为档案信息化建设带来诸多益处:

1. 实现档案信息资源共享

通过云计算,档案部门可避免因档案管理系统软件的多头开发所造成的"信息资源孤岛"现象,可在不同地域档案部门之间共同构筑档案信息资源"共享池",实现电子

参考文献

[1]张端，刘璐璐，杨阳.新档案管理实务 [M].成都：电子科技大学出版社，2017.

[2]李东红.新时代背景下的档案管理与创新 [M].北京：经济日报出版社，2017.

[3]李晓蕾.会计档案管理探索与实践 [M].长春：吉林科学技术出版社，2020.

[4]潘连根.文件与档案管理教程 [M].芜湖：安徽师范大学出版社，2017.

[5]陈苏东.档案管理原理与务实 [M].长春：吉林摄影出版社，2020.

[6]汪春风.工程建设档案管理 [M].兰州：甘肃科学技术出版社，2017.

[7]吴良勤，付琼芝.信息工作与档案管理 第2版 [M].武汉：华中科技大学出版社，
2017.

[8]贾玮娜.档案管理系统的设计与实现 [M].长春：吉林文史出版社，2017.

[9]郑利达.新时期企业档案管理与创新初探 [M].长春：吉林人民出版社，2017.

[10]卜鉴民.改制企业档案管理实践与创新 [M].苏州：苏州大学出版社，2017.

[11]刘祎.档案管理 [M].长春：吉林人民出版社，2018.

[12]高海涛，李艳，宋夏南.档案管理与资源开发利用 [M].北京：北京日报出版社，
2018.

[13]胡燕，王芹，徐继铭.文书档案管理基础 [M].北京/西安：世界图书出版公司，
2018.

[14]毛雯.档案管理工作研究 [M].北京：中国原子能出版社，2018.

[15]潘潇璇.档案管理理论研究 [M].延吉：延边大学出版社，2018.

[16]张鑫.现代档案管理实例分析 [M].北京：科学技术文献出版社，2018.

[17]赵旭.档案管理现状的研究与分析 [M].天津：天津科学技术出版社，2018.

[18]张林静.房地产档案管理实务 [M].延吉：延边大学出版社，2018.

[19]王世吉，唐宁，周雷.现代档案管理理论与实践 [M].延吉：延边大学出版社，
2018.

[20]曾予新，郝伟斌.城市建设与工程项目档案管理 [M].北京：中国铁道出版社，
2018.

[21]刘思洋，赵子叶.文书管理学与档案管理 [M].长春：吉林科学技术出版社，
2019.

[22]李明华.机关档案管理 [M].北京：中国文史出版社，2020.

[23]李晓婷.人事档案管理实务 第2版 [M].上海：复旦大学出版社，2019.

[24]金虹.干部人事档案管理实务 [M].杭州：浙江工商大学出版社，2019.

[25]黄兆红.信息时代下的高校档案管理[M].延边：延边大学出版社，2019.

[26]张杰.信息时代下档案管理工作创新研究[M].长春：吉林大学出版社.2020.

[27]杨阳.高校档案管理信息化建设[M].长春：吉林文史出版社，2019.

[28]许秀.高校档案管理与信息化建设研究[M].哈尔滨：哈尔滨工业大学出版社，2019.

[29]李晖.国防特色高校档案管理与信息化建设[M].哈尔滨：哈尔滨工程大学出版社，2019.

[30]张燕.大数据时代背景下的档案管理工作研究[M].沈阳：东北大学出版社，2019.